本书出版得到国家古籍整理出版专项经费资助

辉煌时代
HUIHUANG SHIDAI

重振乾坤

陈少铭 著

中华书局　　上海古籍出版社

图书在版编目(CIP)数据

重振乾坤/陈少铭著.—北京:中华书局,上海古籍出版社,2010.4(2011.12重印)
(文史中国)
ISBN 978 – 7 – 101 – 06880 – 1

Ⅰ.重…　Ⅱ.陈…　Ⅲ.中国－现代史－青少年读物
Ⅳ.K260.9

中国版本图书馆 CIP 数据核字(2009)第 123352 号

书　　名	重振乾坤	
著　　者	陈少铭	
丛 书 名	文史中国	
责任编辑	刘树林　娄建勇	
出版发行	中华书局	

（北京市丰台区太平桥西里38号　100073）

http://www.zhbc.com.cn

E – mail:zhbc@ zhbc.com.cn

上海古籍出版社

（上海市瑞金二路272号　200020）

http://www.guji.com.cn

E – mail:gujil@ guji.com.cn

印　　刷	北京精彩雅恒印刷有限公司	
版　　次	2010 年 4 月北京第 1 版	
	2011 年 12 月北京第 4 次印刷	
规　　格	850 ×1168 毫米　1/32	
	印张 4　字数 55 千字	
印　　数	15001—18000 册	
国际书号	ISBN 978 – 7 – 101 – 06880 – 1	
定　　价	15.00 元	

《文史中国》丛书
出版缘起

《文史中国》丛书的策划编撰，始于2004年。

这一年，中共中央、国务院明确了一项重大的文化战略："对未成年人进行以爱国主义为核心的伟大民族精神的教育"，要求通过中华民族优良传统和悠久历史的教育学习，引导广大青少年"从小树立民族自尊心、自信心和自豪感"。

有鉴于此，中华书局和上海古籍出版社——中国南北两家以弘扬中华传统文化为己任的著名出版社——决定联手合作，出版一套为青少年量身度制的高质量的传统文化系列图书，其初命名为《长城丛书》，计16个系列、约160种图书。计划得到了有关部门的高度重视，很快列入了"'十一·五'国家重点图书出版规划"与"国家古籍整理出版'十一·五'重点规划"。

2005年，中宣部策划组织的弘扬伟大民族精神的重点出版工程——"民族精神史诗"全面展开。《长城丛书》之"文史知识"部分，又被吸纳为这项重大文化工程之一，并以《文史中国》为名，正式启动。经过近五年时间、数十位学者的倾情投入，其第一批成果，终于以清新靓丽的面貌，呈现在广大读者的面前。

有别于以往的传统文化读物，《文史中国》的宗旨可概括为一句话：题材是传统的，眼界是当代的。因此除了科学性与可读性相统一的常规标准外，丛书从选目到撰写，更要求以一种世界性的文化视域来透析中华文化的深刻意蕴。而"中华"与"上古"深厚的学术底气与近十年来的创新精神，正是践行这一宗旨的可靠保证。

《文史中国》丛书首批共38本，分为四个系列："辉煌时代"、"世界的中国"、"文化简史"、"中华意象"。四个系列互相联系，同时又自成体系，为读者多视角多侧面地展示中华文明。

"辉煌时代"系列共10本，选择中国五千年历史上十个辉煌的时代，作横断面的介绍与分析，以显示开放心态和创新精神是中华民族发展振兴的主体精神。

"世界的中国"系列共10本，集中表现中华文化与世界各民族文化的交流与融合，以展现中华文明是人类文明的共同组成部分，强调中国与世界的开放共荣、和谐共处是中华文化的固有精神。

"文化简史"系列共10本，从中国人文化生活的各部类入手，历时性地介绍中国人知行合一的生活情趣，高尚优雅的审美理念，以及传承有序、丰富多姿的文化积累，从而为当代人的生活文化与中国文化走向世界提供启示。

"中华意象"系列共8本，选取最能够体现中华民族主体思想的、具有象征意味的意象，进行深入的解析。"龙凤""金玉"等意象早已经成为中华民族的文化符号，它们以其特有的形象和意涵，展示着中国人特有的精神世界，并丰富着全人类的文化符号。

全中国的中小学生、全世界的华人学子，是《文史中国》丛书的当然读者。我们期待着读者们在清新优美的文字和图文并茂的情境中，感受到中华民族"爱国、团结、和谐、奋斗"的伟大的民族精神，成为一个出色的中国人。

今后，无论您走到世界的哪一个地方，无论您从事哪一项职业，无论您身处顺境还是逆境，您都可以骄傲地大声说：

"是的，我是中国人！"

中华书局　上海古籍出版社

2009年7月

目录

【第一章】
民主共和

　　十九世纪末二十世纪初，世界各帝国主义列强纷纷扑向中国，对中国进行疯狂的掠夺。然而，在严重的民族危机面前，清政府却通过出卖国家权利以换取帝国主义对其统治的支持。当八国联军侵入北京，流亡在外的清政府却发出一道"煌煌上谕"，宣布清政府的对外方针是"量中华之物力，结与国之欢心"！清政府以自己的行动证明了它实实在在就是一个"洋人的朝廷"。

　　既然清政府把自己和帝国主义侵略者紧紧地联系在一起，中国人民也就将反抗帝国主义侵略的斗争同反对封建统治的斗争紧紧地联系在了一起。

　　从此，推翻腐朽的清王朝成为了新一代中国人救国的主旋律。处于风雨飘摇状态下的清政府便在一系列革命起义的打击下摇摇欲坠。

民主先声

孙中山是中国近代民主革命的伟大先行者，是资产阶级革命派的主要代表人物。

开始时，由于受到当时改良主义思潮的影响，孙中山试图通过温和的社会改良来实现自己救国救民的政治抱负。1894年，孙中山通过郑观应的介绍，来到天津，上书直隶总督李鸿章，主张以西方国家为楷模，采用先进的科学技术发展农业生产，改革教育制度和选拔人才制度，达到富国强兵的目的，实现"人能尽其才，地能尽其利，物能尽其用，货能畅其流"。但是，他的建议没有得到理睬。

1888年，孙中山与友人合影

此后，孙中山返回美国檀香山，于当年11月在檀香山创建了中国第一个资产阶级革命团体——兴中会。在兴中会的秘密入会誓词中，孙中山提出了"驱除鞑虏，恢复中华，创立合众政府"的口号，这是他第一次明确提出推翻清王朝的封建统治、建立资产阶级共和国的宗旨，也是对其民权思想的第一次具体诠释。

不久，孙中山就开始组织兴中会会员进行军事训练，开始为武装反清作准备，走上了武力推翻清王朝的道路。

1895年2月，孙中山在香港与反清宗旨十分明确的"辅仁文社"负责人杨衢云等人会合，建立兴中会香港总部，重新拟订兴中会章程，并计划年内在广州起义。在这次起义开始时，孙中山提出了起义成功后在两广地区成立"共和国"的设想。虽然他还没有对建立共和国的一些细节进行考虑，但是，这个设想的提出是孙中山政治思想历程变化的一个重要信号，也是他描绘建国蓝图的一个重要起点。这个设想不是以忠君为出发点，而是以反清为目的，把近代的爱国主义提高到一个前所未有的高度。

在孙中山组织的武装起义失败之后，他被迫流亡海外。

在流亡英国期间，孙中山在伦敦被清朝驻英使馆人员囚禁，后幸得香港西医学院的师长康德黎等人设法营救，终得脱险。随后，孙中山用英文撰写了《伦敦被难记》一书，多方散发，提高了孙中山在西方世界的知名度，唤起了西方有志之士

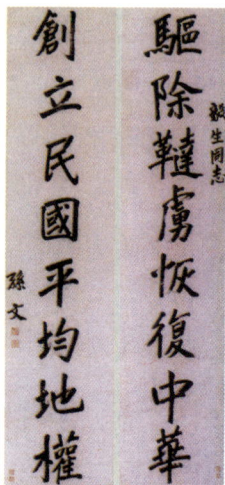

孙中山题写的革命誓词

对中国革命事业的关注。孙中山被西方人士及社会舆论救出来的经历使得他对西方民权的认可更加坚定，他提出的以民主立宪作为建国目标，成了无数仁人志士为之奋斗的动员令。

经过孙中山对资产阶级民主思想的不断传播，民权主义成为中国资产阶级民主革命的指导思想。1903年，孙中山在日本创设青山军事学校时，将革命的宗旨概括为"驱除鞑虏，恢复中华，创立民国，平均地权"。1905年8月，中国同盟会在日本东京成立，创立民国作为革命纲领最终被确立下来。同年11月，孙中山在《〈民报〉发刊词》中，首次将十六字纲领概括为民族、民权、民生，称为"三民主义"。

孙中山对资产阶级民主革命纲领的归纳和概括，明确了资产阶级革命的性质，提出了建立资产阶级共和国的初步方案，对中国的资产阶级民主革命有巨大的指导意义。

孙中山正是通过亲身的政治实践和曲折的历程，认准了只有革命才是拯救民族危亡、谋求祖国富强的惟一途径。所以，在他踏上革命征途后，不管斗争环境多么险恶，他的斗争意志始终非常坚定。

孙中山是中国伟大的民主革命先行者，为了改造中国耗尽毕生的精力，在历史上建立了不可磨灭的功勋，在政治上也为后继者留下珍贵遗产。著有《建国方略》、《建国大纲》、《三民主义》等。

革命思潮

二十世纪初，资产阶级民主革命思潮迅猛传播，震撼着中国思想界，并推动民主革命运动的到来。首先觉醒的是新兴知识分子群体。近代知识分子宣传民主革命学说，以报刊为重要阵地，创办了《江苏》、《浙江潮》、《苏报》、《中国白话报》等二十多种政治性刊物；还出版发行了陈天华的《警世钟》、《猛回头》，邹容的《革命军》等宣传民主革命思想的小册子一百三十余种，对封建专制制度进行了深刻的批判。资产阶级、小资产阶级知识分子还翻译了不少西方资产阶级的社会政治著作，蔡元培翻译了德国科培尔的《哲学要领》，严复翻译了赫胥黎的《天演论》、亚当·斯密的《国富论》等著作。当时鼓吹民主革命思想最为著名的是邹容、陈天华、章太炎和秋瑾。

邹容

陈天华

邹容在《革命军》中，以辛辣犀利的笔触，揭露了清政府对内专制、残酷镇压人民，对外奴颜婢膝、出卖国家主权的种种罪行，说明了推翻清政府、实行革命的必要性和正义性，宣扬了资产阶级民主革命思想中的自由平等和天赋人权学说，还提出了建立"中华共和国"的方案。

全书最后以"中华共和国万岁""中华共和国四万万同胞的自由万岁"结束。

邹容的《革命军》以激扬的革命精神，抒发了人民心中的革命热情，在社会上得到了广泛的关注。因而，一版再版，销售总量超过了一百万册，在清末的革命书籍中销量占第一位。它对于革命思想的宣扬，对于封建专制制度的批判，引起了广大资产阶级知识分子的共鸣，促进了民主革命思想的传播。当时有人称《革命军》为"今日国民教育之第一教科书"。

与当时的大多数资产阶级知识分子一样，陈天华对于资产阶级民主革命思想的宣传是与对清政府的抨击结合在一起的。他认为，清王朝已经成为了外国列强统治中国的工具。在《猛回头》一书中，陈天华认为，要抵抗帝国主义对中国的侵略，要挽救民族危亡，就必须进行革命，就要推翻这个"洋人的朝廷"。

陈天华在宣传民主革命思想的时候使用的语言比较通俗，感情真挚，使他的作品在群众中产生了广泛的影响。《猛回头》和《警世钟》两书翻印了十多次，在群众中被广泛传诵，对于民主革命思想的传播起到了巨大作用。

章太炎是具有深厚国学修养的知识分子，他以世界各国的历史来论证专制体制下，人民要取得政治上的权利，流血牺牲是必不可少的代价。他写了大量宣扬革命的文章，成为著名的革命宣传家。《驳康有为论革命书》是章太炎宣传革命的文章中最具有代表性的一篇，也是影响最大的一篇。文章对康有为的保皇论调进行了尖锐的批驳，阐述了中国人民能够实行革命以及革命之后实行民主共和制度的必然性。这本书刊印了数千册，很快销售一空。当它在《苏报》

章太炎

秋瑾

上刊登的时候，引起了更大的社会反响。清朝统治者非常惊恐，勾结了上海租界当局，逮捕了章太炎、邹容等，查封了《苏报》，制造了震惊中外的"《苏报》案"。但是民主革命思想并没有因此沉寂，而是在更广泛的范围内传播开来。

妇女解放是近代民主思想的重要内容，秋瑾是一位很有影响的女革命家和近代妇女解放运动的先驱。她热情地宣传爱国和革命思想，号召人民起来革命，推翻腐朽的清政府，挽救民族危亡。当然，在秋瑾的文章中表现最多的是关于妇女解放的话题和妇女获得解放的方法。她认为，妇女要解放，关键要靠自己，要有志气，能自立。秋瑾不但是近代妇女解放思想的宣传者，也是一位实践者，以自己的实际行动为广大妇女作出了榜样。

总之，二十世纪初期，在资产阶级革命派的不懈努力下，民主革命思想在社会中占据了重要地位，不但深刻地影响了无数知识分子，也广泛地涤荡着社会的各个角落，在社会上形成一股思想解放的洪流，冲击着腐朽的封建专制制度，预示着一场深刻的社会革命即将开始。

风起云涌

举行武装起义，以武力推翻封建专制统治是资产阶级革命派矢志不渝的奋斗目标。在资产阶级革命派第一个革命团体——兴中会成立后的十几年里，革命党人前仆后继，发动大大小小十几次起义，向清王朝发起冲击。

1895年的广州起义是资产阶级革命派发起的第一次武装起义。兴中会成立后，便开始联络广东各地会党、绿林和防营，秘密筹备起义。经过六个月的筹备，孙中山等计划于10月26日（旧历重阳节）在广州发动起义。由于组织不严，消息泄露，起义还没有发动便遭到了清政府的镇压，陆皓东等也被捕遇难。

广州起义失败后，孙中山决定利用义和团起义爆发的机会，在广东再次发动起义。因香港当局不允许孙中山去香港，他便赴台湾，在台北建立了起义指挥中心，并派郑士良赴惠州发动起义，派史坚如、邓荫南赴广州策应，派杨衢云、陈少白等在香港接济饷械，派毕永年赴长江流域联络会党。经过准备，1900年10月8日，郑士良率领会党在惠州三洲田首先发动起义，袭击清军。起义军英勇善战，在镇隆、永湖等地接连取得胜利。但是，由于支援不够及时，郑士良在弹尽粮绝的情况下解散了起义部队，自己退回香港，史坚如被捕牺牲。惠州起义虽然失败了，但却在国内产生了很大的影响，促使许多有识之士把目光转向资产阶级民主革命，逐步认识它、理解它，并最终接受它。

革命团体的书刊

萍、浏、醴起义是同盟会成立后发动的第一次起义。1906年年初，同盟会会员刘道一、蔡绍南与江西、湖南两省交界的萍乡、浏阳、醴陵地区的会党密谋起义。12月4日，起义正式爆发，会党和萍乡煤矿的工人是革命的主力，约三万人，起义军称为"中华国民军华南革命先锋队"，并发表了《中华国民军

起义檄文》，宣布起义的目的是推翻君主专制制度，平均地权，建立平等社会。萍、浏、醴起义的声势震动了清王朝，清政府急

黄花岗七十二烈士墓

忙调集湖南、湖北、江西、江苏四省军队前往围剿。1907年1月，起义被镇压下去。这次起义虽然失败了，但它是在同盟会纲领指导下发动的，与旧式的会党起义有明显的区别，是资产阶级领导的民主革命的一部分。

虽然同盟会组织的一系列起义都失败了，但国内人民的反清斗志却不断高涨，客观的形势也有利于革命的发展。1910年11月13日，孙中山召集黄兴、赵声、胡汉民等同盟会骨干开会，分析革命形势，并决定在广州再次举行起义。4月23日，黄兴先行进入广州，成立起义总指挥部，开始了紧张而缜密的起义准备工作。27日，黄兴率领一百多人，直扑总督衙门。但是，由于起义准备不足，其他革命党人没有接到起义的通知，没有响应，结果八十多人壮烈牺牲，只有黄兴等少数人逃出。此次起义中牺牲的多为同盟会精英，当中也包括支持中国革命

的日本人。后收殓到七十二具烈士遗骸，合葬于黄花岗，由此建成黄花岗七十二烈士墓。

黄花岗起义后，清朝统治基础更加动摇，革命党人矢志不渝的精神和视死如归的英雄气概，鼓舞了全国人民的革命斗志，加速了革命的发展进程。

第二章

辛亥革命

辛亥革命是中国历史上最伟大的历史事件之一，它敲响了腐朽没落的清王朝的丧钟，结束了中国长达两千多年的封建专制制度。辛亥革命成功后，为保卫革命的胜利果实，孙中山等采取了一系列措施，在一定程度上保证了共和制度在中国的推行。但是，由于革命的力量依然弱小，资产阶级革命派不得不与袁世凯妥协，使得革命的胜利果实最终被袁世凯所窃取，为其后来复辟帝制提供了条件。

推翻帝制

1911年是旧历辛亥年，故把这年发生在武昌的起义称做"辛亥革命"。

湖北革命党人从1904年起便开始为武昌起义做艰苦的准备。自1904年以来，革命党人开始在新军中发展革命力量。1908年，湖北新军中的革命党人组成了湖北同盟会，由于受到环境的影响，该组织先后易名振武学堂、文学社。到起义前夕，有约三千名官兵加入到了文学社，约占湖北新军总数的五分之一，成为湖北地区一支重要的革命力量。与此同时，武汉另外一支革命组织——湖北共进社也在积极进行革命的宣传和组织工作。到1911年5月，共进社在湖北新军中的会员也达到了一千五百多人。

1911年5月9日，清政府宣布"铁路干线国有"政策。政策一公布，立即引起湘、鄂、川、粤四省各阶层人民的反对，出现了广泛的保路运动。四川的保路运动在革命党人的发动和组织下，规模最大、斗争最激烈。1911年6月，四川成立保路同志会，宣布"以保路、废约为宗旨"。9月，全省六十余县成立保路公会，数千万人卷入运动。清政府一面调湖北新军入川，一面命"实力弹压"保路运

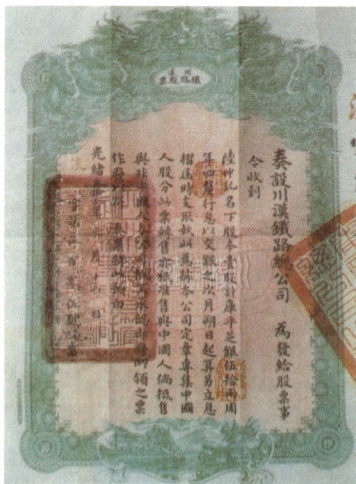

1907年，川汉铁路总公司发行的川汉铁路股票

动，四川保路运动成为武昌起义的直接导火线。得到此消息的湖北革命党人担心新军陆续外调会瓦解革命的力量，决定趁机发动起义。

10月9日，孙武在汉口俄租界内装配炸药时，不慎爆炸，俄巡捕闻讯赶来，搜去起义用的旗帜、文件、印信等物品，并转呈清政府。清政府下令在全城搜查革命党人。

10月10日晚，武昌城内新军士兵，打死镇压革命士兵的排长，攻占楚望台军械库，打响武昌起义的枪声。其他各营的革命党人纷纷响应，并在楚望台集结。经一夜战斗，11日，起义军占领武昌城，成立湖北军政府。11日和12日，驻汉阳、汉口的新军也相继起义成功。11日上午，湖北革命党人开始着手建立革命政权——湖北军政府。蔡济民、张振武等革命骨干聚集在谘议局，讨论组织政府问题。因革命的重要领导人或在外地，或受伤住院，最后与湖北谘议局议长

黎元洪

汤化龙等商议，推举湖北新军第二十一混成协协统黎元洪为都督，汤化龙为民政部长。就这样，虽然年轻的革命党人在军政府中占据多数，并掌握了处理日常军务的权力，但革命的领导权却轻易地让与了旧官僚代表黎元洪，为日后革命的发展埋下了危机。

湖北军政府宣告革命的目的是建立中华民国，实行共和制度，揭露了清王朝的反动和腐朽，号召人民起来推翻清王朝的统治。并宣称，军政府是中国惟一合法的政府。

11月9日，湖北军政府颁布了《中华民国鄂州约法》，这是一部仿效西方资产阶级国家的宪法，由宋教仁起草，体现了自由、平等、博爱、"天赋人权"等资产阶级民主思想原则，实践了三权分立的资产阶级建国理论。

武昌起义成功的消息传出之后，全国各地纷纷响应。不到两个月，已经有湖北、湖南、陕西、山西、云南等十四个省和上海一地宣布脱离清朝统治。清王朝的统治处在革命风暴中，风雨飘摇。

共和华光

武昌起义的枪声，划破了黑暗的夜空。全国各省纷纷响应，迅速发展的革命形势摧毁了清王朝的统治基础，也使创建统一革命政府的问题提上了日程。

1911年11月9日，黎元洪以湖北军政府都督的名义通电全国各省，要求派代表来武昌商讨组织临时中央政府。15日，各省在上海召开第一次代表会议，成立了"各省都督府代表联合会"，同意各省代表会议在武汉召开。

11月底至12月初期，福建、山东、河南、湖南等十一个省的二十三名代表陆续抵达武汉。由于当时的北洋军在清政府刚刚起用的袁世凯的指挥下，频频向革命军发动进攻，会议只好改在汉口英租界举行。会议通过了《中华民国临时政府组织大纲》。《大纲》规定了临时大总统的选举办法和职权、参议院的组成办法和职权、行政各部门的组成原则和职责等。当时，由于袁世凯表示愿意和革命党谈判，代表会议还通过了与袁世凯和谈的四项条件：1.推翻满清政府；2.主张共和政体；3.礼遇旧皇室；4.以人道主义对待满人。同时决定，如果袁世凯愿意"反正"，革命党人就推举他为临时大总统。这表明，革命党人从一开始就对袁世凯抱有幻想。

12月29日，在南京的十七省代表召开会议，正式选举临时大总统。按照临时政府组织法规定，每省只有一张选票，以得票超过三分之二者当选。结果孙中山以十六票当选临时大总统。12月31日，各省代表又举行会议，定国名为"中华民国"，改用阳历，以1912年1月1日为中华民国元年的开始。

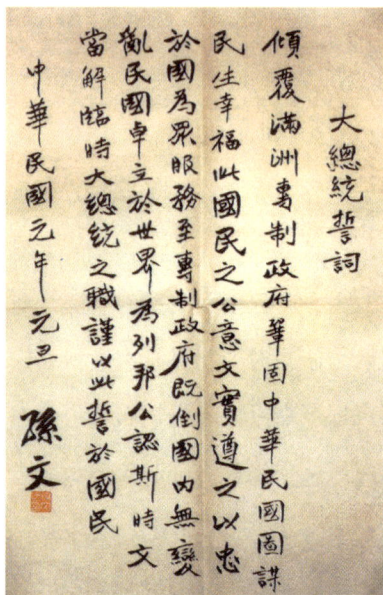

孙中山《大总统誓词》

随之，孙中山开始着手组织临时政府。胡汉民任总统府秘书长，黄兴兼任参谋总长，宋教仁任法制局长。南京临时政府的实权掌握在以孙中山为首的资产阶级革命派的手中。

1月28日，各省代表会议改组为临时参议院，成为临时政府的最高立法机关。

在孙中山的主持下，3月11日，临时参议院颁布《中华民国临时约法》，按照西方资产阶级的民主制度和立法、行政、司法"三权分立"的原则，在中国建立一个实行议会制和责任内阁制的资产阶级共和国。

国歌是一个国家的象征之一。1912年元旦南京临时政府成立后，教育总长蔡元培即开始在全国征集国歌。同年2月，南京临时政府即公布了由沈恩孚作词，沈彭年谱曲的中华民国国歌。歌词中写道："亚东开发中华早，揖美追欧，旧邦新造。飘扬五色旗，民国荣光，锦绣河山普照。我同胞，鼓舞文明，世界和平永保。""揖美追欧，旧邦新造"集中概括了孙中山、黄兴等为代表的革命党人锲而不舍追求的社会政治目标。

辛亥革命是以孙中山为代表的中国民族资产阶级领导的民主革命。由于资产阶级和同盟会的组织和领导，提出了比较完整的革命纲领，在广大工农和其他劳动群众多种方式反抗斗争所汇成的革命怒潮中，推翻了清王朝的二百六十

十八星旗

多年的专制统治，从而结束了两千多年的封建君主专制制度，建立了资产阶级共和国。目睹了辛亥革命的少年瞿秋白写道，"皇帝倒了，辫子割了"，形象地说明了辛亥革命的两大历史功绩：一是推翻了清王朝的统治，一是废除了与清王朝的传统息息相关的蓄辫制度，也预示着清王朝在中国统治的彻底结束。

南京临时政府颁布了一系列有利于推行民主政治和发展资本主义的政策和法令。如：命令各省官厅焚毁刑具，废止刑讯；取消清朝律令中各类"贱民"条令；保护华侨；禁止买卖人口；废除主奴身份；通令剪辫子；禁止赌博、缠足、吸食鸦片。鼓励兴办工商业，振兴农垦业，奖励华侨在国内投资。提倡普及教育，删除旧教科书中的封建内容。这些政策法令，移风易俗，革故鼎新，促进了民族资本主义的发展和民主观念的

传播，反映了革故鼎新潮流所向的威力和民初社会的深刻变化。

临时政府颁布的《中华民国临时约法》是中国历史上第一部资产阶级宪法性质的文献。虽然这部文献不久被北洋军阀废弃，但经过这次革命，民主共和国的观念已经深入人心，在政治上打击了封建势力，民主主义思想潮流已不可抗拒。正因为这样，辛亥革命后，袁世凯洪宪帝制，张勋的复辟帝制，都是昙花一现，最终都以失败而告终。辛亥革命也给了帝国主义沉重的一击，虽然资产阶级没有明确提出反帝政治纲领，但正如毛泽东所说："辛亥革命是革帝国主义的命，中国人所以要革清朝的命，是因为清朝是帝国主义的走狗。"所以列宁把辛亥革命视为"亚洲的觉醒"。自清政府垮台后，帝国主义妄图扶植新走狗，但这些"新走狗"都短命，一个接一个被中国人民打倒在地，在一定程度上削弱了中外反动势力对中国人民的压迫。

辛亥革命实际上也促进了生产力的发展，虽然革命失败了，但它在一定程度上推动了民族资本主义的发展。民国成立后，国内实业团体纷纷成立，开工厂、设银行都成为风气，民族资本主义经济力量在短短的几年里有了显著的增强，无产阶级队伍也日益壮大。

辛亥革命还具有国际意义。它沉重打击了帝国主义,推翻了中国绵延二千多年的封建帝制,对于世界人民,特别是东方各国人民的民族解放运动,起到了巨大的鼓舞作用。在中国革命影响下,如1931年荷属爪哇以及其他殖民地,都广泛掀起民主革命运动,对欧洲殖民者在亚洲的统治造成了极大的冲击。

辛亥革命为此后革命斗争的发展,特别是后来由中国共产党领导的新民主主义革命开辟了道路。耀眼的共和华光照耀在中华大地上。

袁氏当国

武昌起义爆发后,革命军与清军的战事处于胶着状态,为尽快实现共和,推翻帝制,革命党人不得不借助于袁世凯的实力,来迫使清帝退位,给予袁世凯的许诺则是让其就任中华民国临时大总统。袁世凯则一方面借南方革命军的声势,逼迫清帝下台,另一方面则是不让清帝立即退位,迫使革命党对其妥协,以换取更大的利益和权力。

孙中山早在回国前,就曾经表示:如果袁世凯能够迫使清帝退位,就推选他为中华民国总统。但是,袁世凯仍不放心,他要求南京临时政府给他一个正式保证。1912年1月15日,孙中

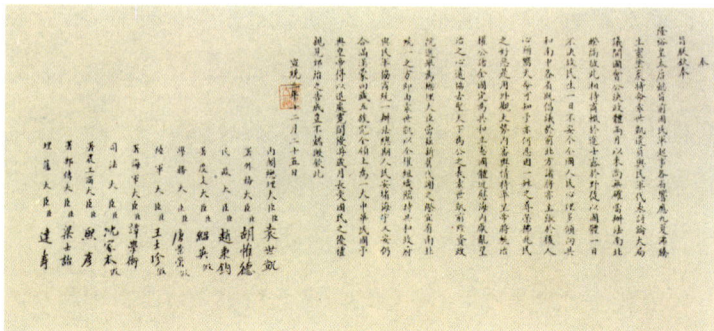

清帝退位诏书

山致电南北议和代表伍廷芳，正式表示：如果清帝宣布退位，宣布共和，则他可以宣布辞职，让袁世凯就任临时大总统。

在袁世凯的授意下，北洋将领数十人公开通电要求清帝退位。1912年2月12日，清王朝以隆裕太后"懿旨"名义宣布"大清皇帝退位"，"赞成共和国体"。这样，延续二百六十余年的清王朝在南方革命政府和袁世凯的"合作"中覆灭了。

2月13日，袁世凯正式声明赞成共和政体，并表示同意临时政府建都南京、到南京就职和遵守南京临时参议院颁布的《临时约法》等。15日，南京临时参议院选举袁世凯为临时大总统。但是，袁世凯施展伎俩，迫使临时政府同意其于3月10日在北京就任临时大总统，这样，革命派通过让袁到南京就职，从而限制其权力的希望落空，辛亥革命的果实被袁世凯攫取了。

以孙中山为代表的革命派经过十多年的奋斗推翻了清王

袁世凯在北京就任临时大总统

朝，但成为民国元首的却是反对革命的袁世凯！

袁世凯当上中华民国临时大总统后，便撕下赞成共和的伪装，公然逆历史潮流而动，一步步迈向独裁。

就职初期，他便颁布命令，要求全国军队必须服从中央，并以整顿军队和节省军饷为由，裁减了南方由革命党人控制的军队。1912年6月14日，袁世凯正式裁撤了由黄兴坐镇的南京留守政府，并解散了南京留守政府所统辖的军队。

在内阁按照自己的意愿完成调整之后，袁世凯又开始在革命党中剪除异己。

为了筹措经费剪除国民党的势力，4月26日，袁世凯与英法德俄日五国银行团秘密签订了《中国政府善后借款合同》，借款额高达两千五百万英镑，以中国的盐税和关税作担保，同时还须聘请外国人掌管中国的盐税征收及监督借款用途，为列强控制中国财政创造了条件。

袁世凯通过改变选举程序，控制了国会选举，迫使国会选举他为正式大总统。

随后，袁世凯修改了《临时约法》。《临时约法》规定实行内阁制，对于限制总统权力的膨胀和独裁具有很大作用。由袁世凯授意而"选举"出的议员组成的约法会制定了新约法，即《中华民国约法》，使总统的权力无限扩大，以致不受任何牵制。对此，袁世凯仍不满意。1915年5月25日，袁世凯与日本签订了丧权辱国的"二十一条"，换取日本对他称帝的支持。

8月中旬，袁世凯授意其法律顾问、美国人古德诺发表《共和与君主论》一文，从"理论"上阐述了中国改归帝制的必然性。11月20日，在袁世凯的压制下，各省国民代表大会投票全部赞成君主立宪。12月12日，袁世凯接受君主立宪制，由中华民国大总统变成了中华帝国的皇帝。

1915年12月25日，袁世凯下令将1916年改为洪宪元年。

袁世凯的"中华帝国"国旗

至此，袁世凯逆历史潮流而动，恢复了帝制。

保卫共和

革命派缔造了民国的基石，袁世凯却得到了民国的"名器"。但前者却并不甘心于这种结果，后者也并不满足于这种状况。于是，开始于清末的民主与专制之间的斗争注定要在新的历史条件下开始新的肉搏。

1912年8月，宋教仁将同盟会改组为国民党，谋求政党内阁。按照《临时约法》的规定，参议院制定并通过了国会组织法和参、众两院议员选举法，并由袁世凯以临时大总统的名义正式公布。1913年2月4日，在公布的国会选举结果中，国民党获参、众两院八百七十个席位中的三百九十二个。这表明，国民党拥有绝对的票数来影响参、众两院。为控制国会，袁世凯便以金钱收买宋教仁，没有成功；也曾指示人暗中诽谤宋教仁，也未奏效。于是，1913年3月20日，袁世凯派杀手在上海枪杀了宋教仁。宋案的发生使革命党人认识到袁世凯的独裁专权，使他们重新回到捍卫民权而斗争的立场上。宋案直接触发了"二次革命"。

"二次革命"是相对于辛亥革命而言的。袁世凯当上大总统后，破坏了共和制度，极力维护独裁专制制度。"二次革

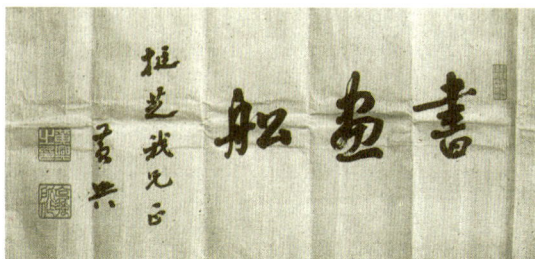
黄兴手迹

命"是资产阶级革命派为维护民主共和而进行的反对袁世凯的斗争。它标志着革命党人从对袁世凯的妥协退让中奋起，继续用革命手段保卫辛亥革命的果实。"二次革命"涉及到江西、江苏、安徽、湖南、广东、福建、四川和上海等省和地区。但是，由于此时袁世凯成为了国家元首，这样专制和革命力量的对比明显有利于袁世凯。"二次革命"最终以革命派的失利而宣告结束。孙中山、黄兴等革命派的代表人物遭到通缉，被迫流亡国外。

"二次革命"失败之后流亡到日本的孙中山于1914年7月8日，在东京成立了中华革命党，宣布革命党的目标就是铲除专制政治，建设民国。辛亥革命后被推为云南都督的蔡锷，是袁世凯笼络和监视的对象，1913年被袁世凯调至北京，但他也逐渐认识到袁世凯的倒行逆施是违背历史潮流的，于是转而投入到反对袁世凯的斗争中。袁世凯称帝后，他秘密潜回云南。12月25日，蔡锷在云南宣布独立，"护国战争"爆发。

护国军的节节胜利促使袁世凯的北洋军队内部也出现了矛

盾。冯国璋联络北洋诸将领联合发出通电，要求袁世凯取消帝制。日本的态度也发生了变化，由支持袁世凯称帝转为反对。1916年3月22日，袁世凯在皇帝的宝座上只待了八十三天后，便不得不宣布取消帝制。

由于北洋军阀内部的矛盾更加尖锐，分裂严重，袁世凯众叛亲离，于6月6日病死。

蔡锷

6月7日，黎元洪宣布继任中华民国大总统，下令恢复《临时约法》。接着，唐继尧也宣布取消军务院，中华革命党宣布停止军事行动。"护国战争"结束。

辛亥革命使民主共和的观念深入人心，人民群众的民主思想觉悟程度提高，使复辟帝制的倒行逆施没有了长期生存的思想基础。"任凭你像尧舜那样贤圣，像秦始皇、明太祖那样强暴，像曹操、司马懿那样狡猾，再想做中国皇帝，乃永远没有人答应。"因此，袁世凯违背民主共和的历史发展潮流，必然遭到全国人民的唾弃和历史的惩罚；1917年张勋复辟帝制的丑剧，更是仅仅十二天便宣告破产；当段祺瑞执掌北京政权，拒绝恢复《临时约法》和国会时，以孙中山为首的革命派便掀起了声势浩大的"护法运动"。

辛亥革命推翻了帝制，建立了民主共和国，可以说取得了成功。但从某种意义上来说，其最终的结果又是失败的，它并没有改变中国半殖民地半封建社会的现状。这也给中国的先进分子以深刻的启发，使他们逐渐觉悟到必须另外探寻新的救国救民的道路。

【第三章】
日出东方

辛亥革命后的中国呈现出一片复杂、混乱的景象：与袁世凯称帝、张勋复辟相呼应，思想界出现了一股尊孔读经的文化逆流；一些西方引进的政治制度在中国施行；袁世凯1915年接受日本灭亡中国的"二十一条"，再次把中国推进了耻辱的深渊；袁世凯死后，北洋军阀分裂成为直系、皖系、奉系等派系，成为帝国主义列强统治中国的工具。

面对残酷的现实，以孙中山为首的资产阶级革命派高举民主革命的大旗，继续为实现真正的民主共和而努力奋斗，相继发动了"二次革命"、"护国运动"和"护法运动"等，但最终都没有真正挽救民主共和制度。

中国的先进分子从消沉、彷徨中走出来，开始寻求新的救国救民的道路。一场巨大的革命风暴正在孕育之中。

"五四运动"

从辛亥革命到五四运动是一个历史转型时期。一方面，二次革命、护国运动、护法运动以几度余波显示了旧民主主义革命的落幕；另一方面，新文化运动又直接开启和衔接了新民主主义革命。

第一次世界大战结束后，中国由于弱小，虽然是战胜国，却处于战败国的地位。北京政府外交上的失败是五四运动爆发的导火索。

1919年1月18日，战胜国在巴黎召开"和平会议"。北京政府和广州军政府联合组成中国代表团，以战胜国身份参加和会，提出取消列强在华的各项特权，取消日本帝国主义与袁世凯订立的"二十一条"不平等条约，归还大战期间日本从德国手中夺去的山东各项权利等要求。巴黎和会在英美等帝国主义列强操纵下，不但拒绝中国的要求，而且在对德和约上，明文规定把德国在山东的特权，全部转让给日本。北京政府竟准备在"和约"上签字。北京政府的卖国行径激起了中国人民的强烈反对。

反对声潮首先从北京开始，然后遍布全国。学生罢课、工人罢工、商人罢市……

1919年5月4日，北京学生集会于天安门前，抗议北洋政府卖国

面对强大的压力，北京政府相继罢免了交通总长曹汝霖、货币局总裁陆宗舆、驻日公使章宗祥三人的职务，总统徐世昌提出辞职。最终，中国代表没有在"和约"上签字。

五四运动后，社会主义思潮成为新文化运动的主流。最初，中国人从接触欧洲的各派社会主义学说中，知道了马克思的名字和马克思主义学说的零星片断。起初，人们对于马克思主义只有一些肤浅的了解，即使是先进分子也不能区分马克思主义同其

五四运动时刊印的小册子《卖国贼之一章宗祥》

他社会主义派别。在那个时候的中国，社会主义名号之下统括着马克思主义、无政府主义、工读主义、新村主义、合作主义等，但对于为中国社会寻求出路的人们来说，每一种主义都曾经是同样富有吸引力的救世真义；每一种主义的周围，都曾经汇聚过有志于救治社会的知识分子。

五四运动是中国革命史上划时代的事件，是中国旧民主主义革命到新民主主义革命的转折点。火焰一经点燃，便孕育着燎原之势。五四运动的爆发，标志着一场新的伟大的反帝反封建斗争的开始，并由此在中国引发了一场深层次的马克思主义传播运动。

思想之光

经过五四爱国运动的洗礼，中国人民有了新的觉醒。特别是青年中的一批先进分子，以救国救民为己任，重新思考中国的前途，探求改造中国社会的新方案。

经过五四运动，马克思主义逐渐形成强大的社会思潮。当然，马克思主义得以在中国传播，也是中国的工人阶级从各种流派中选择的结果。第一次世界大战结束后，中国的民族经济有了发展，工人阶级队伍不断壮大，孕育着新的革命，为先进思想的传播开辟了道路。五四运动后，《新中国》、《每周评论》、《晨报副刊》、《国民》等刊物开始刊登文章宣传马克思主义。具有初步共产主义思想的知识分子编辑刊物，撰写文章，组织社团，初步接触工人群众，研究和宣传马克思主义。经过比较、鉴别、争辩，马克思主义以其缜密的科学性和革命精神赢得了更多先进分子的信仰，中国一代青年马克思主义者逐步成长起来。新文化运动发展成为以传播马克思主义为中心的思想运动。

1917年，列宁领导的俄国十月革命开辟了人类历史的新纪元。十月革命第一次把社会主义从书本上的学说变成了活生生的现实。这场在社会主义旗帜下所进行的革命，对中国革命产生了划时代的影响。由于中国和俄国有着相同或者相似的情况，因而十月革命对中国人民具有特殊的吸引力，使正处在苦闷和黑暗中的中国人民看到了新的出路和光明的前景，给中国先进分子正在思索、探索着中国前途的种种问题提供了合理的解答。在这种情况下，中国出现了一批赞成俄国十月革命、具有初步共产主义思想的知识分子。

李大钊就是当时在中国传播马克思

李大钊

主义最早的革命先驱者。第一次世界大战和十月革命爆发后，李大钊经过不断的求索和鉴别，逐渐摆脱各种资产阶级小资产阶级社会思潮的影响，最终选择了马克思主义，成为我国历史上第一个马克思主义者和中国共产主义的先驱者。他热情地歌颂和宣传俄国十月革命，运用无产阶级的世界观，把握人类社会发展的历史规律，发表了《法俄革命之比较观》、《庶民的胜利》、《布尔什维主义的胜利》和《新纪元》四篇光辉的文章，揭开了我国马克思主义宣传的第一页。

1920年的阳春时节，在李大钊的指导下，北大学生邓中夏、高君宇等十九人，在北大红楼里秘密成立了中国第一个马克思学说研究会。1920年5月，陈独秀与李汉俊、陈望道等在上海也成立了马克思主义研究会。陈独秀主编的《新青年》杂志成为当时传播马克思主义的主要阵地。1920年8月，由陈望道翻译的《共产党宣言》在上海首次出版，这是第一本在中国传播的马克思主义经典著作。

在五四运动中，青年学生亲眼看到工人阶级表现出来的伟大力量。一些具有初步共产主义思想的知识分子，如毛泽东、邓中夏、蔡

《新青年》杂志

和森、恽代英、瞿秋白、周恩来、李达、杨匏安等，也纷纷站在了传播马克思主义的前沿，使马克思主义思想阵地在中国迅速扩大。

随着马克思主义在中国的深入和广泛传播，一批接受马克思主义的先进分子日益成熟，逐渐转变成为共产主义者。时代需要一个新型的政党承担起推动中国历史发展的使命，中国共产党应时而生。中国共产党的成立是中国历史上开天辟地的大事件。自从有了中国共产党，中国革命的面貌就焕然一新了。

日出东方

在五四运动期间，陈独秀和李大钊都在北京大学教书。陈独秀创办的《新青年》成为宣传马克思列宁主义的阵地，李大钊则成为了宣传马克思列宁主义的先驱者。当时，陈独秀是文科学长，李大钊是图书馆主任，都密切关注着时局的发展，对中华民族的命运怀着深深的忧虑，思考着如何将灾难深重的中华民族引

陈独秀

向光明的前途。

五四运动极大地促进了马克思主义与中国工人运动的结合，为中国的工人运动指明了方向，为此，时代迫切需要建立工人阶级的政党。作为先进知识分子主帅和旗手的陈独秀和李大钊，承担起了这一历史重任，相约在上海和北京筹备建党。

在建党的问题上，列宁领导的共产国际给予了积极的帮助。1920年4月，经共产国际批准，俄共（布）远东局派经维斯基等人来华。他们先后在北京、上海会见了陈独秀和李大钊，讨论建立共产党的问题，并帮助进行建党的准备工作。

在与李大钊相约建党后，陈独秀即赴上海成立马克思主义研究会。1920年6月，上海马克思主义研究会的成员开始酝酿成立共产主义小组。经过认真协商，确定"共产党"为党的名称。1920年8月，上海的共产党早期党组织正式诞生。1920年10月，由李大钊发起成立北京的共产党早期组织，李大钊为负责人。1920年秋天，武汉的共产党早期组织和旅日共产党早期组织成立。1920年冬至1921年初，湖南的共产党早期组织和济南的共产党早期组织成立……尽管这些共产党早期组织的名称不一，有的叫"共产党"，有的叫"共产党支部"或"共产党小组"，但性质是相同的，都是中国共产党的地方组织，后来被通称为"共产党早期组织"。

各地的共产党早期组织的建立，有组织、有计划地扩大了马克思主义的研究和宣传，批判了各种反马克思主义的思潮，促进了马克思主义同工人运动的结合，为中国共产党的正式成立创造了条件。

1921年7月23日，为了正式组织共产党，各地共产党早期组织的代表秘密来到上海，在上海法租界白尔路（今太仓路）上私立博文女校的楼上召开中国共产党第一次全国代表大会。这些代表是：上海的李达、李汉俊，武汉的董必武、陈潭秋，长沙的毛泽东、何叔衡，济南的王尽美、邓恩铭，北京的张国焘、刘仁静，广州的陈公博，旅日的周佛海以及陈独秀指定的代表包惠僧。

上海中共一大会址

会议讨论和通过了《中国共产党纲领》和《中国共产党决议》，讨论党的成立宣言，选举了中央领导机构。大会确定党的名称为"中国共产党"，党的纲领是"革命军队必须与无产阶级一起推翻资本家阶级的政权"，"承认无产阶级专政，直到无产阶级斗争结束"，"消灭资本家私有制"以及联合第三国际等。大会选举陈独秀、李达、张国焘三人组成中央局，陈独秀为书记，李达为宣传委员，张国焘为组织委员。大会最后在"共产党万岁"的口号声中胜利闭幕。

中国共产党第一次代表大会宣布党的纲领是："1.以无产阶级革命军队推翻资产阶级，由劳动阶级重建国家，直至消灭阶级差别；2.采用无产阶级专政，以达到阶级斗争的目的——消灭阶级；3.废除资本私有制，没收一切生产资料，如机器、土地、厂房、半成品等，归社会所有"，这是一个直接实行社会主义革命的纲领。

中国共产党刚刚诞生，就能提出前人长期奋斗而未认知的正确纲领，主要是由于她是马克思列宁主义政党。历史选择了中国共产党，选择了社会主义。

力量初显

中国共产党成立后，把领导工人运动作为主要工作。1921

年8月，在上海成立了领导全国工人运动的公开机构——中国劳动组合书记部，并在北京、武汉、长沙、广州、济南建立了分部。劳动组合书记部还创办刊物，开办补习学校，派党员深入到工人群众当中去，宣传马克思主义，启发工人觉悟。中国的工人运动得到了中国共产党的领导。

1922年1月至1923年2月，中国共产党领导的工人运动形成第一次高潮，前后持续时间长达十三个月之久，在中国共产党的领导下，中国革命出现了新的形势。第一次工人运动高潮主要包括香港海员大罢工、开滦五矿工人罢工、京汉铁路工人罢工。

香港海员罢工是中国工人阶级第一次直接与帝国主义势力进行有组织的较量，罢工的胜利增强了工人阶级斗争的勇气，推动了全国工人运动的发展。

香港中国海员长期受到英帝国主义者的殖民统治和种族歧视，工资微薄。为增加工资，1922年1月22日，香港海员工会举行大罢工，要求资本家答应工人提出的增加工资、工会有权介绍职业等要求，但遭到了资本家拒绝。罢工工人人数持续增加，到3月初，迅速增加到了十万人，罢工浪潮席卷了整个香港。中国共产党对香港海员的罢工斗争极为关注，通过宣传、捐款、发动工人等多种形式给予支持，还派劳动组合书记部负责人李启汉赴香港慰问罢工海员并和工人一起同港英当局进行

香港女皇大道

斗争。港英当局和资本家对香港海员罢工采取高压、恐吓、欺骗等手段进行破坏。罢工工人不为所动，最终迫使港英当局接受了罢工工人提出的恢复海员工会原状、增加工资等要求，罢工取得了胜利。

开滦五矿包括唐山、赵各庄、林西、马家沟和唐家庄等五个矿区。1922年9月间，开滦五矿先后成立工会。10月16日，在工人联合会的组织下，开滦五矿工人代表向矿务局提出了增加工资、改善待遇等要求。10月19日，在中共唐山地委和中国劳动组合书记部的领导下，成立了罢工领导机构——开滦五矿同盟罢工委员会。

开滦矿务局对工人提出的要求采取拒绝态度，并无理扣留了六名工人代表。代表们对此十分气愤，决定从10月23日起举行五矿同盟大罢工。

10月23日凌晨，唐山矿、唐家庄矿、赵各庄矿等工人同时宣布罢工。参加罢工的工人近五万人。

罢工开始后，中国劳动组合书记部发动各地群众团体以发表通电、捐款捐物等形式，表达对罢工工人的支持。

开滦矿务局和军阀政府对此十分惶恐，急忙调集军警三千多人实行武力镇压。英帝国主义也派出武装直接参与镇压。10月26日，军警向罢工工人开枪，制造了中重伤七人、轻伤五十七人的流血惨案。罢工遭到了失败。

开滦五矿罢工虽然没有达到预期的目的，但再次显示了工人阶级的力量，在国内外产生了重大的影响。

京汉铁路纵贯直隶、河南、湖北三省，是连接华北和华中的交通命脉。为破坏京汉铁路总工会成立大会，1923年2月1日，郑州军警包围了会场，阻挠会议代表进入会场。军警捣毁了总工会会所里的物什，并强迫会议代表离开郑州。

为抗议军警暴力行为，京汉铁路工人决定实行总罢工；同时将总工会临时总办公处移至汉口江岸。2月4日，江岸机器厂工人首先罢工，很快发展到两万多人，铁路顿时瘫痪。中国共产党派出张国焘、项英、罗章龙等人对这次罢工进行了直接领

汉口"二七烈士纪念碑"

导。

京汉铁路工人的罢工，引起了外国列强的惶恐，遭到了他们的直接干涉和破坏。吴佩孚在帝国主义势力的支持下，调动了两万多军警进行镇压。2月7日，京汉铁路罢工工人遭到武力镇压。京汉铁路总工会江岸分会委员长、共产党员林祥谦被捕后坚贞不屈，惨遭杀害。共产党员施洋也被逮捕后秘密杀害。

京汉铁路工人大罢工是中国共产党领导的第一次工人运动高潮的顶点，进一步显示了中国工人阶级的力量，扩大了中国共产党在全国人民中的影响，进一步坚定了中国人民反对军阀的决心。

第四章

艰难探索

中国共产党成立后，党从工人运动的实践中看到了敌人的强大，认识到要完成革命目标，需要联合更多的力量一起努力。此时，孙中山在苏联和中国共产党的帮助下改组了国民党，重新解释的三民主义和中国共产党在民主革命阶段的最低革命纲领基本一致，成为国共合作的基础。

国共合作

辛亥革命后，虽然"二次革命"、"护国战争"、"护法运动"相继失败，但五四运动使孙中山认识到群众力量的伟大。在中国共产党和苏联的帮助下，经过反复思考，孙中山终于确立了"联俄、联共、扶助农工"的政策，奠定了新三民主义的基石。这成为国共两党合作的基础。

为适应国共合作的要求，孙中山主持讨论了改组国民党的问题，并邀请马林、陈独秀、李大钊等参加。

1923年6月10日至20日，中国共产党第三次代表大会在广州开幕。在这次大会上，中国共产党正式确立了与国民党建立"党内合作"，决定共产党员以个人身份加入国民党，同时保持共产党员在政治上、思想上和组织上的独立性。

1924年1月20日至30日，在共产国际和中国共产党的参加与帮助下，中国国民党第一次全国代表大会在广州召开。大会的中心任务是重新研究国家的未来、重新解释三民主义、改组国民党。

大会通过了共产党人起草的以反帝反封建为主要内容的宣言，确定了联俄、联共、扶助农工的三大政策，从而把旧三民主义发展为新三民主义。大会选举出中国国民党中央执行委员会，共产党员李大钊、谭平山、毛泽东、林祖涵、瞿秋白等十人当选为国民党中央执行委员或候补执行委员，约占委员总数的四分之一。在国民党中央党部担任重要职务的共产党员有：组织部长谭平山，农民部长林祖涵，宣传部代理部长毛泽东等。随后，全国大部分地区以共产党员和国民党左派为骨干改组或建立了各级国民党党部。这样，国民党就由资产阶级的政

1924年5月，国共两党人士在上海集会，纪念孙中山就任非常大总统三周年

党开始转变为工人、农民、城市小资产阶级和资产阶级的民主革命联盟，成了各革命阶级的统一战线组织。

国民党"一大"的召开，标志着第一次国共合作的正式建立。重新解释的三民主义适应了新的历史时代的需要，同中国共产党在民主革命阶段的纲领原则上基本一致，成为国共合作的政治基础。

国共合作形成之后，为打倒北洋军阀，推翻帝国主义和封建势力在中国的反动统治，国民政府于1926年6月4日通过出师北伐案。

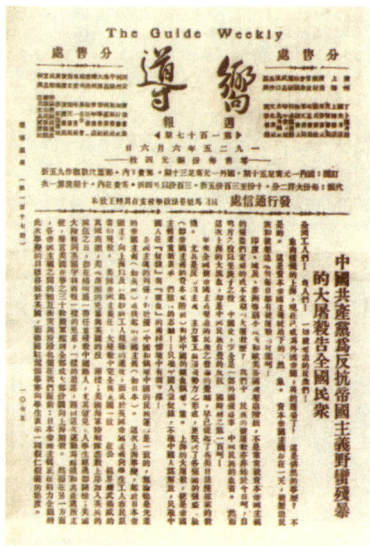

1925年6月5日，中共中央发表《告全国民众》，号召奋起与帝国主义暴行作斗争。这是《向导》杂志的有关报道

国共合作的北伐战争开始于"打倒列强，扫除军阀"的响亮口号中。它是在新的历史条件下，以一种新的形式去完成辛亥革命遗留下来的历史使命的延续。

北伐战争最终推翻了北洋军阀的统治。在这个过程中，中国共产党人和国民党人共同浴血奋战，不怕牺牲，为争取战争的胜利作出了自己的贡献。但是，因北伐的军事胜利而首先得利的并不是国民革命本身，却是叛卖了革命的蒋介石。

1926年11月26日，国民党中央召开会议，决定迁都武汉，并决定在武汉召开中央委员会议。1927年1月3日，蒋介石却在南昌扣留了去武汉参加会议的几位国民党中央委员和国民政府委员，在南昌召开中央政治会议第六次临时会议，非法决定"中央党部与国民政府暂驻南昌"，从而打起了分裂国民党中央的旗帜。

同时，蒋介石向帝国主义国家表示，国民革命军是列强的

国民革命军阅兵典礼

朋友，决不用武力改变租界现状，从而获得帝国主义的支持。1927年4月12日凌晨，蒋介石发动了"四·一二"反革命政变，对革命力量进行绞杀。

继上海"四·一二"反革命政变后，在南京、广州、无锡、宁波、杭州、福州等蒋介石统治区，也对共产党人、工人和革命群众进行了残酷地大屠杀。无数的共产党人和革命人民牺牲在蒋介石的屠刀下。优秀的共产党人赵世炎、陈延年、萧楚女等先后英勇牺牲。与此同时，北方军阀也与蒋介石相互呼应，大肆屠杀共产党人和革命人士。4月28日，奉系军阀张作霖杀害了中国共产党的创始人之一、中共北方局书记李大钊等二十多人。

蒋介石镇压共产党人的相关报道

7月15日，素以国民党左派面目出现的汪精卫打出白旗，公开走上叛变革命的道路。在他的"宁可枉杀千人，不可使一人漏网"的反革命口号下，武汉地区的共产党员和革命群众遭到了血腥屠杀。

针对国民党的屠杀政策，4月16日，中共中央军事委员会书记周恩来等致电中共中央，建议武汉方面迅速出师东征，讨伐蒋介石。他认为，再不对国民党右派进行斗争，革命的领导权将尽归右派，整个革命必将从根本上失败。

在大革命生死存亡的危急关头，中国共产党于1927年4月27日至5月9日在武汉举行第五次全国代表大会。党的"五大"并没有对全党上下最焦虑、最关切的问题——如何正确认识严峻复杂的局势，如何从危难中挽救革命的问题作出解答，没有能在党面临生死存亡的危急时刻，为全党指明出路，提供强有力的领导。

至此，国共两党合作发动的大革命宣告失败。这种包含着成功的失败，同辛亥革命的结局非常相似，很多人把失败原因归结于陈独秀的"右倾"错误和蒋介石的背叛革命。其实，个别人物的活动在历史长河中看只是一种表象，在表象的背后，中国社会中存在的各种力量之间的折冲才能从根本上解释历史的演进轨迹，也是我们认识历史发展历程的基本线索。1927年春季，与武汉政府东西对峙的蒋介石和上海商业联合会中富有财力的江浙资产阶级结成了一种政治经济联盟。3月底，商联会的代表团和蒋介石达成协议，只要他和共产党决裂，就给予他经济援助。4月初，"商人和银行家垫付了第一笔为数三百万的短期借款"。这些信息透露：在发动"四·一二"反革命政变的时候，蒋介石已经成为了帝国主义和封建主义的代表。

大革命虽然失败了，但它动摇了帝国主义和北洋军阀的反动统治，在全国各地撒下了革命的种子，大大提高了人民群众的觉悟，在中国大地上产生了深刻的影响，同时也教育和锻炼了中国共产党，为中国共产党逐渐走向成熟积累了经验和教训。

生死抉择

1927年轰轰烈烈的大革命失败后，国内政治局势急剧逆转。蒋介石在南京建立的政权，对外执行反苏、亲帝的政策，对内竭力维护买办资产阶级和封建地主阶级的利益，限制和压制民族资本主义的发展，残酷地镇压、屠杀共产党人和革命群众。据不完全统计，从1927年3月至1928年上半年，被杀害的共产党员和革命群众达三十一万多人，其中共产党员就有两万六千人。但是，在严峻的考验面前，中国共产党和中国人民并没有被吓倒，他们从地上爬起来，擦干身上的血迹，掩埋好同伴的尸首，又继续战斗了。

1927年，为彻底纠正党在过去工作中的错误，中共中央于8月7日在汉口秘密召开了紧急会议，给正处在思想混乱和组织涣散中的党指明了出路。按照"八七会议"确定的方针，中国共产党人在黑暗中高举起革命的旗帜，以血与火的抗争回答国民党的屠杀政策。

共产党人因大革命的失败而失去了城市。在退出城市的过程中，中国共产党人又得到了农村。而在这一得一失之间，中国共产党人经受了巨大的挫折，一开始也不是自觉选择的结果。1927年南昌起义和广州起义显然志在夺取城市。毛泽东发起和领导的湘赣边秋收起义，也是在"第三次攻打长沙"的口号中举行的，只是由于革命力量遭受到了挫折之后而向敌人统治力量薄弱的农村山区寻找落脚点的。在这一时期，在面前只有已经成功的俄国革命为榜样的时候，中国共产党执着于在城市举行武装暴动是很自然的事情。因为俄国革命是从城市开始的，并从城市首先取得了胜利。然而仿效俄国革命的成功经验并没有使中国革命获得同样的成功。于是，南昌起义和秋收起义保存下来的革命力量，在经历了城市暴动的失败之后，于1928年春天汇集到江西罗霄山脉中段的井冈山，开始了革命在农村发展

南昌起义总指挥部旧址——江西大旅社

的道路。

从此，毛泽东、朱德等中国共产党人适时地率领部队走上了一条在农村建立革命根据

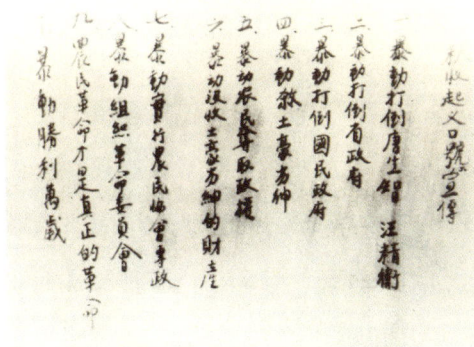

秋收起义宣传口号

地，以保存和发展革命力量的正确道路。

同城市相比，农村是落后的。但是，广大的农村是国民党反动统治薄弱的地域，远离中心城市，地广人稀，交通闭塞，国民党鞭长莫及。这种不发达的经济和交通状况为中国革命力量的存在和发展提供了天然的条件。因此，农村包围城市的道路历史地成为中国民主革命走向胜利之路。这条道路虽然最初表现为失败后的退却，然而它却成为了中国革命逐渐走向胜利的正确道路。毛泽东是第一个自觉选择这种道路的人。

1927年10月，毛泽东率领秋收起义的部队到达江西罗霄山脉中段的井冈山，先后在宁冈、永新、茶陵、遂川等县恢复和建立了党组织，发展武装力量，开展游击战争，领导农民打土豪、分田地，建立红色政权，实行工农武装割据，创立了党领导下的第一个农村革命根据地，点燃了井冈山的星星之火。1928年4月，毛泽东总结了开辟井冈山根据地几个月来从事群众

工农革命军第一军第一师旗帜

工作的经验，规定部队必须执行三大纪律、六项注意。三大纪律是：1.行动听指挥；2.不拿群众一针一线；3.打土豪要归公。六项注意是：1.上门板；2.捆铺草；3.讲话和气；4.买卖公

平；5.借东西要还；6.损坏东西要赔。后来发展成为三大纪律、八项注意。这对于革命队伍建设，团结人民、瓦解敌人都起了重要作用。

1928年4月底，朱德、陈毅率领南昌起义保存下来的部队和湘南农军一万余人陆续转移到井冈山地区，和毛泽东领导的工农革命军会师。会师后，成立了中国工农红军第四军，毛泽东任党代表，朱德任军长。1928年5月20日，毛泽东在宁冈茅坪主持召开了中国共产党湘赣边界第一次代表大会，成立了以毛泽东为书记的湘赣边界特委。10月，毛泽东在宁冈茅坪主持召开了湘赣边界党的第二次代表大会，大会通过了毛泽东起草的《中国的红色政权为什么能够存在》。毛泽东认为，中国内部各派军阀的矛盾和斗争是红色政权能够存在的原因。白色政权之间的混战，从民国元年以来，就持续不断地进行着，这是半殖民地中国的特征之一。因为有了白色政权间的长期的分裂和战争，便使一小块或若干小块共产党领导的红色根据地，能够在白色政权的包围中生存和坚持下来。只要军阀分裂和战争是继续的，则工农武装割据的存在和发展也将是能够继续的。毛泽东分析了中国红色政权能够存在的原因，总结了实行这种"工农武装割据"的意义和经验，回答了党内和红军内部有人提出的"红旗到底打得多久"的疑问。中国独特的政治和经济基础，为中国革命提供了走农村包围城市道路的可能性和必然性。因此，从城市向农村的退却恰恰是中国共产党的一次历史进军。在这种进军的过程中，以土地革命为内容结成了工农武装联盟，中国革命由此获得了农民阶级的前所未有的支持。正是这种支持，使中国革命在土地革命时期能够绝处逢生，能够不断从失败中站起来。

毛泽东、朱德领导的井冈山革命根据地的斗争，代表着中国革命发展的正确方向。在革命处于低潮的时候，井冈山革命根据地的建立，点燃了"工农武装割据"的星星之火，为中国革命的中心工作完成从城市到农村的伟大战略转移，走上农村包围城市，最后夺取城市，开辟了新的道路。

星火燎原

为认真总结大革命失败后的经验教训，确定革命斗争的任务，1928年6月18日至7月11日，中国共产党在苏联莫斯科召开了第六次全国代表大会。大会在共产国际的帮助下，对一系列有关中国革命的根本问题作出了基本正确的回答，为中国革命从低潮走向复兴指明了方向。

井冈山革命根据地的建立引起了国民党当局的恐慌。国民党军队以重兵分五路对井冈山根据地发动了三次"围剿"，同时加紧了对井冈山根据地的经济封锁。为了打破敌人的封锁，

1929年1月14日，毛泽东、朱德、陈毅等率领红四军主力三千六百多人离开井冈山根据地，转战赣南。4月，红

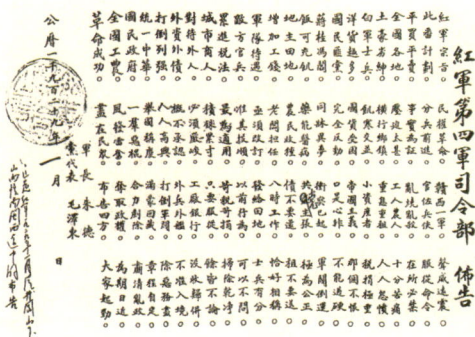

红四军主力向赣南、闽西进军时，朱德、毛泽东联合署名的布告

四军先后占领了瑞金、宁都、兴国等县城，创建了赣南革命根据地。5月至10月间，红四军趁福建军阀到广东参加粤桂战争造成闽西空虚之机，先后两次进入闽西，歼灭了当地军阀。1930年6月，赣西南、闽西地区的红军合编为红一军团，朱德任总指挥，毛泽东任政治委员和前敌委员会书记。

为解决在农村环境中保持党和红军先进性的问题，1929年12月，在福建上杭县古田召开了红四军党的第九次代表大会。其中最重要的就是通过了毛泽东起草的关于纠正党内的错误思想问题的决议案。它确定红军是一个"执行革命的政治任务的武装集团"，必须绝对服从党的领导，必须担负起打仗、筹款和做群众工作这三位一体的任务。从而解决了在农村环境下保持党的无产阶级先锋队性质和建设无产阶级领导的新型人民军队的问题。

1931年3月，鄂豫皖红四军在双桥镇全歼国民党第34师，活捉师长岳维峻。这是红军画在墙上的宣传画

赣南、闽西根据地的形成和发展，对各地红军、根据地的发展和建设，起了鼓舞和示范作用。经过艰苦斗争，到1930年夏，全国已有十几块农村根据地，红军发展到约七万人，连同地方武装约十万人。经过艰苦的探索，中国共产党人开始懂得，农村根据地已成为积蓄和锻炼人民革命力量的主要战略基地。

在各根据地不断发展的情况下，1931年11月7日至20日，在瑞金举行的第一次全国苏维埃代表大会上，宣布成立中华苏维埃共和国临时中央政府。毛泽东被选为临时中央政府主席。

除了上述根据地外，闽浙赣、左右江、琼崖等地都建立了革命根据地。井冈山的星星之火，发展成了燎原之势，小块红色政权成为夺取全国政权的基地和立足点。

在总结井冈山根据地和其他地区的武装斗争经验的基础上，毛泽东认为，中国革命有其自身的特点，照搬俄国十月革命城市起义的道路是行不通的，党的工作重点应该由城市转入

瑞金乌石垄中央革命军事委员会旧址

农村，在农村保存、恢复和发展革命力量。为此，他写了《中国的红色政权为什么能够存在》、《井冈山的斗争》等文章，第一次从理论上系统地分析和论证了中国红色政权能够存在和发展的条件，并提出了"工农武装割据"的光辉思想，为农村包围城市道路理论的形成奠定了基础。1930年1月，毛泽东写了《星星之火，可以燎原》的著名通讯，指出，应该创建农村革命根据地，建设工农民主政权，扩大人民武装，用红军和农村革命根据地的发展去促进全国革命高潮，才是中国革命成功的惟一道路。《星星之火，可以燎原》进一步发展了"工农武装割据"思想，标志着农村包围城市道路理论的基本形成。

井冈山点燃的星星之火变成了燃烧全国的革命之火，各地武装斗争保留下来的革命武装，纷纷进入农村，开辟了一块一块的红色区域，建立了大小不等的农村革命根据地，武装斗争、游击战争遍及全国十几个省，形成了星火燎原的景象。

命运转折

为了扑灭渐渐成燎原之势的革命火种，蒋介石奉行"攘外必先安内"的反动政策，置日本对中国的侵略于不顾，而把主要兵力放在对革命根据地的进攻上。从1931年至1933年，国民党先后对革命根据地发动了五次反革命"围剿"，前四次都以国民党的失败而告终。但是，在中革军委博古等领导人实行军事冒险主义、军事保守主义的战略指导下，红军的第五次反"围剿"屡遭失利，苏区日益缩小，形势日趋严重。

红军长征途中的宣传画

为了保存革命的火种，1934年10月10日夜间，中共中央和红军总部悄然从瑞金出发，率领红一、三、五、八、九军团连同后方机关共八万六千余人进行战略转移，向湘西进发，开始了漫漫征程。

　　红军一开始就遇到了长征中最残酷的一战——湘江战役。敌人利用宽阔的湘江构成了四道封锁线，红军前后左右都有敌人的尾追堵截，处境十分险恶。11月25日，中央军委发布抢渡湘江的作战命令。至27日晚，红军已控制了六十华里长的湘江两岸。此时，军委纵队距最近的湘江渡河点只有八十多公里。但是，由于山路狭窄，加之后续部队携带着大量物资，行动迟缓，红军白白地丧失了最佳渡江机会。29日，敌人向正在渡江的红军发起了进攻。两岸的红军战士，为掩护党中央安全过江，与优势的敌军展开了殊死决战。12月1日，战斗达到了白热化程度，敌人对军我发动了全线进攻，企图夺回渡口。红军中央机关和部队虽然渡过了湘江，但是付出了极大的代价。中央红军和中央机关人员由出发时的八万六千人锐减到三万余人。

　　这时，国民党当局已经判断出红军将北上湘西，在红军的必经之地设重兵防守，企图把红军一网打尽。博古、李德不顾敌情，仍坚持按照原定的计划前进，将红军置于全军覆没的危险之中。危急关头，毛泽东等人根据敌我双方的军事态势，建议中央红军立即转向西，到敌军力量比较薄弱的贵州去开辟新的根据地。1935年1月7日凌晨，红军攻占了黔北重镇遵义城。9日，大部队开进遵义。15日至17日，中共中央政治局召开了著名的遵义会议，改组了中央领导机构，选举毛泽东为中央政治

遵义会议旧址

局常委，在实际上确立了毛泽东在中央和红军中的领导地位。遵义会议在最危急的历史关头，挽救了党，挽救了红军，挽救了中国革命，是党的历史上一个生死攸关的转折点，它标志着中国共产党在政治上开始走向成熟。

此后，红军在正确的思想指导下，开始了新的征程。

巧渡金沙江。为了摆脱敌人的追兵，毛泽东巧妙运用战术调动敌人，使蒋介石以重兵防守贵阳以东地区。红军乘敌人云南兵力空虚之机进入云南，并于4月29日兵分三路向金沙江逼近。在行军途中，红军运用战术巧妙骗过敌人，向金沙江急行军，并于5月3日晚间到达金沙江的主要渡口——皎平渡。刘伯承亲自部署部队攻克皎平渡。因为红军行动神速、隐蔽，完全出乎敌人的意料，以致红军先遣队渡过渡口时，敌人的保安队还在打麻将。红军顺利缴了保安队的枪，完全控制了渡口，无一伤亡。到5月9日，红军两万多人渡过了金沙江，摆脱了敌人数十万重兵的围追堵截，夺取了战略转移的主动权。

强渡大渡河。渡过金沙江后，红军来到了大渡河边。而蒋介石派重兵防守大渡河，妄图利用大渡河的险峻，使中央红军成为"第二个石达开"。

大渡河是岷江最大的支流，两岸峭壁林立，水流湍急。当年，太平天国将领石达开就率数万大军进抵大渡河南岸，在安顺场渡口陷入清军重围，最后全军覆没。1935年5月24日，担任先遣队的红一师一团急行军八十余里，首先赶到大渡河南岸的安顺场，以迅猛的动作消灭敌守军两个连，夺取了一条宝贵的渡船，控制了渡口。安顺场渡口河对岸有川军第五旅的一个营防守，并已构筑了工事，而红军只有一条小船，一次投入的兵力太有限了。但军情紧急，红军别无选择。红一团精心挑选了十七名勇士，组成了渡河突击队；为加强火力，将机枪连和军团炮兵营集中到渡口，并抽调红军著名的神炮手赵章成和"红军团"的三个特等射手，用两门迫击炮和数挺重机枪进行支援。红军先遣队司令员、红军总参谋长刘伯承和先遣队红一军团政委聂荣臻也亲临一线指挥。5月25日晨，素有"开路先锋"

之称的红一团在团长杨得志的指挥下，开始强渡大渡河。在红军炮火支援下，一叶小舟载着第一批九名战士冒着枪林弹雨，在惊涛骇浪中向对岸冲去并最终靠上了河对岸，勇士们攀上了陡峭的河岸，冲进敌工事，与迅速到达的第二船勇士一起，猛烈冲杀打退了敌人，控制了渡口。25日一整天，仅红一团还未全部渡过河，而敌薛岳部正向大渡河昼夜急进。26日，军委决定改向西北，争取并控制泸定桥渡河点，以取得战略胜利。

飞夺泸定桥。泸定桥位于四川省泸定县，是一座著名的铁索桥，桥长一百多米，宽两米八，由十三根碗口粗的铁索组成，桥身有铁链九根，上铺木板以作桥面，其余四根在两侧作为扶手。

今日泸定桥

为了夺取泸定桥，1935年5月27日，红四团在团长王开湘、政委杨成武率领下，以强行军的速度，向泸定桥方向飞奔。山路泥泞，天降大雨，又不断遭到敌人袭击，红四团以顽强的意志，强行军一百六十公里，于29日晨抢在敌援兵到达之前赶到了泸定桥。

但此刻，桥面的木板已被敌人拆去，只剩下九根光溜溜的铁索，桥下是汹涌咆哮的河水，对岸就是泸定城，敌川军一个团早已筑好了工事，黑洞洞的枪口指向泸定桥。29日4时许，在全团司号员激昂的军号声中，夺桥战斗打响了。各种轻重火器向对岸发出密集的弹雨，二十二名共产党员和积极分子组成的突击队攀上铁索，向对岸爬去，在敌人的枪弹中，有人中弹掉下桥去，但突击队员仍顽强地一步步接近对岸，后续部队则一边铺木板一面跟进。敌人在桥头燃起大火，但也未能阻止突击队员前进的步伐。他们穿过熊熊烈火，迅速消灭了守桥之敌，并支援后续部队攻占了泸定。飞夺泸定桥的成功又一次使红军转危为安，摆脱了敌人的追击。至6月2日，中央红军主力全部由泸定桥渡过了大渡河。

爬雪山。中央红军占领泸定城后继续北上，翻越了长征路上第一座大雪山——大金山。大金山被当地老百姓叫做"神仙山"，意思是只有神仙才能登越的大山。传说如果人能在山上张开嘴，山神就会把他掐死。总之，大金山是一座自然条件非常恶劣的山，鸟儿都飞不过去，更何况人！然而，红军战士对这种艰难状况估计不足，因为到了大金山的跟前，从山下就可看到覆盖山顶的大雪，而且看上去积雪并不远，似乎根本不需

红军长征中的御寒棕背心

要爬多高就能翻过山去。虽然数月行军，粮食不足，人也筋疲力尽，但战士们还是信心十足。爬山起初似乎还很顺利，后来进入冰雪世界，行程就变得艰难异常了。积雪刺得红军战士们睁不开眼睛，而且由于从来没有人翻越过此山，没有现成的路可走，战士们只能摸索着前进。有的战士在冰上滑倒了，要站起来，浑身无力，就这样永远地躺在雪山的怀抱里了。1935年6月12日，中央红军先头部队终于翻过几座大雪山，在北进途中与张国焘的红四方面军先头部队胜利会师。

红军两大主力会师后，总兵力达十万余人，士气高昂。但张国焘却以种种借口拖延红四方面军主力北上，并以改组党中央和红军总部相要挟。为维护红军的团结，并争取张国焘本人，党中央于7月18日发出通知，任命张国焘为红军总政治委员，随后又对红军序列进行了一系列调整。随后，红军分成左右两军：左路军由红军总司令朱德、总政委张国焘率领，经阿坝北进；右路军由前敌总指挥徐向前、陈昌浩率领，经班佑北上。党中央、中央军委随右路军行动。

8月20日，中共中央局在毛儿盖召开会议，决定以主力迅速占领洮河流域地区，并以此向东发展取得陕甘地区。随后，右路军进入茫茫的毛儿盖大草原。

过草地。过草地又是人类对自然的一次大挑战。茫茫无边的草地，笼罩着一片阴森森的浓雾，分辨不出东西南北。草底下河沟交织，淤黑色的积水到处泛滥，散发出一股腐臭的气味。草地上到处是浅滩，沼泽遍布，稍一用力人就会陷下去，稍不小心就会连人带马掉进泥潭，再也走不出来。越往草地中心走，越是艰险。天气瞬息万变，刚刚还是晴朗的天气，走不了多久，忽然乌云密布，风雨交加，接着风雨又变成了漫天飞舞的鹅毛大雪。寒风侵袭着衣衫单薄的战士们，使人寒冷难忍。夜晚，找不到避风雨的地方，战士们只得挤在一起，站着背靠背度过寒冷的黑夜。不但如此，红军常常还需要忍受饥饿的折磨，没有食物，红军只能吃草根、马匹，甚至是皮带。但是，英勇的红军还是凭借着坚韧的意志力走出了草地。

反对张国焘的分裂活动。中央红军和张国焘领导的红四方面军会师后，摆在党和红军面前的首要任务是正确制定统一的红军发展战略方针。为解决这一问题，1935年6月26日，中共中央政治局在两河口召开会议。会上，一致同意周恩来、毛泽东等多数人关于北上的意见。但张国焘害怕同战斗力较强的胡宗南部作战，反对北上，主张南下，并要求中共中央任命他为军委主席。中共中央拒绝了他的无理要求，但为了红军的团结，7月18日，任命张国焘为红军总政治委员。8月15日，中共中央致电张国焘，要求他率领红四方面军北上。张国焘拒不执行中共中央的指令。9月8日，中共中央再次致电张国焘，再次强调红军只有北上才有出路，希望左路军立即北上。张国焘无视中央的劝告，仍然坚持南下。同时，他又背着中央密电右路军政治委员陈昌浩率右路军南下，企图分裂和危害党中央。为避免红军内部可能发生的危险和冲突，毛泽东、张闻天、周恩来等率领右路军中的红一、红三军和军委纵队迅速转移，先行北上。10月5日，张国焘在四川省理番县卓木碉另立党的"中央"、"中央政府"。张国焘分裂党和红军的活动遭到了红军广大指战

到达陕北苏区的毛泽东、朱德、周恩来、秦邦宪

员的反对。1936年6月6日，张国焘不得不取消了他另立的"中央"。

1935年10月19日，红一方面军到达陕甘宁根据地的吴起镇（今吴旗）。1936年10月9日，红一、红四方面军在甘肃会宁会合。1936年10月22日、23日，红二、红六军团分别在将台堡、兴隆镇同红一方面军会师。至此，三大主力红军都完成了长征。

长征的胜利不仅是红军的胜利，而且是中华民族的伟大胜利。在常人难以理解的险恶环境中，中国共产党人不屈不挠，顽强奋斗，度过了最黑暗的时刻，奇迹般地开创出新的革命局面。红军长征形成了激励中华民族前进的"长征精神"：乐于吃苦，不惧艰难的革命乐观主义；勇于战斗，无坚不摧的革命英雄主义；重于求实，独立自主的创新胆识；善于团结，顾全大局的集体主义。"长征"已经成为一种精神符号，必将激励中华民族一步一步走向富强和兴盛。

百团大战后，八路军载誉而归

【第五章】
抗日战争

　　1931年9月18日，日本在沈阳制造了"九·一八事变"，对中国开始了蓄谋已久的侵略。蒋介石对于日本的侵略采取不抵抗政策，而以重兵"围剿"红军，执行"攘外必先安内"的错误政策，使东北等地迅速沦丧。处于西北剿共前线的张学良、杨虎城激于民族大义，发动了西安事变，扣押了蒋介石。中国共产党从民族利益出发，推动了西安事变的和平解决。在中国共产党和各派力量的共同努力下，蒋介石同意"停止内战，一致对外"，国共实现了第二次合作。中国开始了全民族的抗战。中国共产党领导的武装力量逐渐从敌后战场转变成为了中华民族抗战的中流砥柱，最终赢得了抗战的胜利。

民族危机

正当国民党统治集团用重兵"围剿"红军的时候，日本帝国主义正在策划发动侵略中国东北的战争。

1931年9月18日夜，日本驻扎中国东北的侵略军——关东军自行炸毁了沈阳北郊柳条湖附近南满铁路的一段路轨，反诬中国军队所为，并以此为借口，突然袭击中国军队驻地北大营和沈阳。9月19日，日军侵占沈阳。对此，蒋介石命令部队执行不抵抗政策，命令张学良的东北军：无论日军在东北如何寻衅，

1931年9月19日晨，日军在沈阳外攘门上向中国军队发起进攻

都不予抵抗，以避免冲突。9月，辽宁、吉林两省沦陷。11月，黑龙江省沦陷。在短短的四个月内，整个东北百万平方公里的大好河山，沦为日本帝国主义的占领地。

而对内，蒋介石却集结重兵对红军进行"围剿"，并亲自督战，妄图消灭中国的革命力量。

对于日本对中国的侵略，蒋介石寄希望于英、美等国家的出面干涉上，幻想国际联盟会促使日本从中国东北撤兵。1931年9月21日，南京政府就"九·一八事变"向国际联盟提出申诉。1932年1月，国际联盟成立由英、美、法、德、意五国代表组成的调查团，对中国东北进行调查，并公布了国际联盟的调查报告书，报告书总的倾向是牺牲中国，姑息日本的侵略行为。事实证明，蒋介石依靠国际联盟迫使日本从中国撤兵的幻想破灭了。

中国人民对于国民党政府不抵抗日本，反而以重兵进攻红军的行径强烈不满。工农商学兵各界民众团体和社会知名人士纷纷发表通电，抗议日本帝国主义的暴行，要求国民党政府停止内战，共同抗日。

1931年9月21日和24日，上海三万五千多名码头工人先后举行反日大罢工，拒绝为日本船只装卸货物。南京、天津等地工人和其他群众也都以请愿、募集捐款、禁售日货等形式，掀起抗日爱国运动的高潮。许多大中城市的学生更是举行游行集会，发表通电，开展抗日宣传。东北也相继兴起了数支抗日义勇军，给日军以相当沉重的打击。

日军侵占东北三省之后，又以重兵对上海发动了侵略战争，企图把上海变成其侵略中国的新基地。1932年1月28日，日军发动了对上海闸北区的进攻。为抵抗日军进攻，蔡廷锴、蒋光鼐率领十九路军进行了英勇的抵抗。上海各界民众对十九路军的抗战给予了大力支持。在十九路军和随后参战的张治中的第五军的部分军队的打击下，日本被迫四次更换主帅，数度增加兵力，死伤一万余人。

日本侵略者发动的"九·一八事变"和对上海的侵略，使中国的政治形势出现了新的变化。中国国内的阶级矛盾逐渐转变成了中国人民和日本帝国主义之间的矛盾，民族革命的阵营扩大了。

统一战线

"九·一八事变"之后，逐步上升的民族危机迫使中华民族作出抉择。中国共产党人肩负着民族革命和民主革命的双重任务。当日本帝国主义的侵略使中国面临着亡国灭种危险的时候，民族革命便成为中国社会的主要任务。

中国共产党率领红军到达陕甘地区前后，日本侵略者利用国民党的不抵抗政策，加紧对华北地区进行侵略，整个华北危在旦夕。面对严重的民族危机，北平学生愤怒地喊出了："华北之大，已经安放不得一张平静的书桌了！"在中国共产党的领导下，北平学生举行了声势浩大的抗日游行，但遭到了国民党军队的镇压。在严重的民族危机面前，中国共产党认识到，要想挽救民族危亡，只有把抗日的各种力量团结起来，组成抗日民族统一战线。

1933年1月，中国共产党发表宣言，首次提出愿意在立即停止进攻苏区、保证民众的民主权利、武装民众创立武装的义勇军等三个条件下与任何武装部队订立共同对日作战的协定。1935年8月1日，中国共产党又发表了《为抗日救国告全体同胞书》（即《八一宣言》），再次明确表示只要国民党军队停止进攻苏区，实行对日作战，红军愿立刻与之携手，共同救国。宣言建议一切愿意参加抗日救国事业的党派、团体、名流学者、政治家和地方军政机关进行谈判，共同筹组国防政府和抗日联军，并呼吁各党派和军队首先停止内战，以便集中一切国力去为抗日救国的神圣事业而奋斗。1935年12月，中共中央在瓦窑堡召开政治局扩大会议。会议从理论和政策上正式确立了中国共产党关于建立抗日民族统一战线策略的总路线，提出"党的任务就是把红军的活动和全国的工人、农民、学生、小资产阶级、民族资产阶级的一切活动汇合起来，成为一个统一的民族革命战线"。1936年5月5日，中国共产党向国民党政府发出《停战议和一致抗日》的通电，将"抗日反蒋"政策转变为"逼蒋抗日"政策。受中国共产党影响，爱国人士宋庆龄、沈钧儒、邹韬奋、陶行知、章乃器等发起成立全国各界联合会，主张停止内战，一致抗日。8月25日，中共中央公开发表《中国共产党致中国国民党书》，再次呼吁停止内战，建立抗日民族统一战线。9月1日，中共中央发出党内指示，明确提出党的总方针应是逼蒋抗日。

但是，蒋介石仍准备对陕北根据地发动新的"会剿"，并将张学良率领的东北军和杨虎城率领的西北军调到陕甘一带进攻红军。张学良和杨虎城激于民族大义，并在中国共产党救亡思想和全国抗日形势的感染下，多次向蒋介石建议"停止内战，一致抗日"，均被蒋介石拒绝。

1936年10月，蒋介石亲赴西安，逼迫张学良、杨虎城率部"剿共"；随后，又到洛阳做"剿共"部署，将其嫡系部队约三十个师调到以郑州为中心的平汉、陇海铁路沿线，以便随时开往陕甘地区进行"剿共"。

张学良（左）与杨虎城

12月4日，蒋介石乘专列从洛阳回到西安，命令张学良、杨虎城将其部队全部开往陕北"剿共"前线，由"中央军"在后接应督战。否则，将把张学良的东北军调往福建，杨虎城的十七路军调往安徽，由"中央军"在陕甘"剿共"。

面对严重局势，张、杨共同协商，决定采取有效措施制止内战爆发。

12月12日，就在蒋介石要离开西安的时候，张学良的东北军和杨虎城的西北军展开了联合行动，东北军一部以迅速行动包围了临潼华清池，扣押了蒋介石。同时，十七路军控制西安全城，囚禁了陪同蒋介石到西安的国民党军政要员，这就是震惊中外的"西安事变"。

西安事变爆发后，张、杨立即通电全国，提出改组国民政府、停止内战、共同抗日的主张。

中国共产党在事前没有与闻此事。事变一发生，张学良立即致电中共中央，希望听取中共的意见。面对这一局面，中共中央从民族大义出发，对这一事件作出了正确分析，争取在反对内战、团结抗日的基础上以和平方式解决西安事变。根据这一方针，中共中央首先派出周恩来、叶剑英、秦邦宪等人组成的中共代表团，前往延安参加谈判。并通电全国，阐明中共和平解决西安事变的立场。经过谈判，蒋介石被迫接受了"停止剿共，联红抗日"等六项主张。

西安事变后，彭德怀（右六）、任弼时（右九）等红军将领与东北军部分将领在陕西三原

西安事变的和平解决加速了抗日民族统一战线的形成，成为扭转时局的关键，成为由国内革命战争走向抗日民族解放战争的转折点。

1937年2月10日，中共中央又致电国民党五届三中全会，提出五项要求：停止内战，一致对外；保障言论、集会、结社之自由，释放一切政治犯；召开各党各派各界各军的代表会议，集中全国人才，共同救国；迅速完成对日作战之一切准备工作；改善人民生活。同时提出四项保证：如果国民党将上述五项要求定为国策，共产党愿保证停止武力推翻国民党政府的方针；工农政府改名为中华民国特区政府，红军改名为国民革命军；特区实行彻底的民主制度；停止没收地主土地的政策。

延安中国抗日军政大学

1937年1月，中共中央领导机关迁驻延安。此后，延安成为指引中国革命方向、照耀中华民族前程的红星。

1937年2月中旬至7月中旬，中国共产党代表周恩来、秦邦宪（博古）、叶剑英、林伯渠等与国民党代表蒋介石、宋子文、顾祝同等，先后在西安、杭州、庐山进行了多次关于国共两党合作抗日的谈判。1937年7月7日，日本侵略军向位于北平西南的卢沟桥发动进攻，制造了震惊中外的"七·七事变"。"七·七事变"的第二天，中共中央发布通电号召全中国军民团结起来，抵抗日本的侵略。7月15日，中共中央将《为公布国共合作宣言》送交蒋介石。《宣言》提出发动全民族抗战、实行民主政治和改善人民生活等三项基本要求，重申中共为实现国共合作的四项保证。8月中旬，中共代表周恩来、朱德、叶

八路军臂章

新四军臂章

剑英同蒋介石等就发表中共宣言和改编红军问题，在南京举行第五次谈判，蒋介石被迫同意将在陕北的中央红军改编为国民革命军第八路军（简称八路军）。1937年8月，中共中央在陕北洛川召开政治局扩大会议，通过了《抗日救国十大纲领》，提出了争取抗战胜利的全面抗战路线。8月25日，中共中央军委发布命令，中央红军改编为八路军，任命朱德、彭德怀为正、副总指挥，开赴华北抗日前线。10月间，又将在南方十三个地区的红军游击队改编为国民革命军新编第四军（简称新四军），任命叶挺为军长，项英为副军长，张云逸为参谋长，开赴华中抗日前线。在共产党的督促下，9月22日，国民党中央通讯社发表了《中共中央为公布国共合作宣言》。23日，蒋介石发表谈话，实际上承认了共产党的合法地位。至此，抗日民族统一战线正式形成，第二次国共合作开始。

艰苦抗战

抗日民族统一战线的建立，为中华民族的统一抗日奠定了基础。

中国的抗战分三个阶段：

1937年至1938年秋武汉失守为战略防御阶段，国民党正面战场与敌后战场配合较好，正面战场抗击了日军的主要兵力，是中国抗战的主战场。从"七·七事变"到武汉失守的一年零四个月的时间内，国民党先后组织了忻口、淞沪、徐州、武汉四次大规模防御性作战，共毙、伤、俘日军二十五万多人，彻底粉碎了日军"三个月灭亡"中国的狂妄计划。同时，在客观上也起到了掩护八路军、新四军和华南抗日游击队等在敌后实施战略展开的作用。值得一提的是，1937年9月25日，八路军一一五师为配合国民

1937年7月17日，蒋介石在庐山发表抗日谈话

党阻滞日军对太原的进攻，奉命在平型关向日军的板垣师团发动进攻。经过一天激战，共消灭日军一千多人，击毁汽车一百多辆，取得了辉煌战果。平型关战役是中国抗战开始后取得的第一次大胜利，挫伤了日军的锐气，鼓舞了全国人民的抗战热情，树立了抗战必胜的信念。

1938年11月至1944年，中国抗战由战略防御转为战略相持。在此阶段，日本侵略中国的策略发生了很大变化：对国民党以军事进攻为主转为政治诱降为主，以主要兵力进攻中国共产党领导的抗日力量。国民党虽然出现过动摇，但总体上还是坚持抗战，因此，侵略中国的日军的主攻方向还是国民党正面战场。在1939年至1940年间，国民党正面战场先后组织的大的战役有：南昌会战、随枣会战、第一次长沙会战、1939年冬季攻势、桂南会战和枣宜会战等。

但是，在这一阶段，国民党统治集团内的投降、分裂、倒退活动日益严重。以国民党副总裁汪精卫为代表的国民党亲日派在1938年12月公开投降。在国民党发动的反共摩擦中最令人震惊的是"皖南事变"。1941年1月4日，新四军军部及其所属皖南部队九千余人遵照国民党军事当局的命令并经中共中央同意，移师北上。6日，经过泾县茂林地区时，遭到了国民党优势兵力的包围袭击，除三千多人突出重围外，大部分被俘或牺牲，军长叶挺被无理扣押，副军长项英遇害。

在这一阶段，中国共产党领导的八路军、新四军和其他抗日人民武装同国民党军队在战役层次上进行了密切的配合，中国共产党向国民党军提出了许多切合实际的作战意见和建议。在忻口、太原会战时，毛泽东、周恩来、朱德等向第二战区司令长官阎锡山建议：要加强娘子关和龙泉关的防守；战略部署上要将主力置于日军两翼等，国民党军队没有接受这些建议，导致全线溃败、太原失守。而在徐州会战时，周恩来、叶剑英等向李宗仁建议，在津浦路南段以运动战为主，游击战为辅；在津浦路北段，以阵地战与运动战相结合守点打援，各个击破。这一战役指导方针得到李宗仁的赞同，从而取得了台儿庄战役的重大胜利。

1941年至1942年是敌后人民抗日战争最困难的时期。1940年8月，八路军在华北敌后战场发动了有一百零五个团、二十万人参加的"百团大战"，时间长达五个多月，歼灭日伪军四万多人，瘫痪了日军的主要交通线，减轻了正面战场的压力，极大地支援了正面战场。华北百团大战使日本侵略者大为震惊，鼓舞了全国人民的斗志，给了处在艰难抗战中的中国人民以巨大的支持。1944年春，八路军、新四军在华北、华中敌后战场发起强大攻势，实施局部反攻，有力地牵制、打击了日军，使沿平汉路南下的华北日军在进攻至平汉线南段之后，不得不回师华北。

抗日反攻阶段。1945年5月8日，德国法西斯无条件投降，欧洲战场战争结束。盟军作战中心迅速东移，全力对付日本法西斯。7月26日，中、美、英三国发表《波茨坦公告》，敦促日本无条件投降，但日本政府对此不予理睬。8月6日、9日，美国在日本广岛、长崎各投下一颗原子弹。8月8日，苏联对日宣战，并出兵中国东北，打击日本关东军。8月9日，毛泽东发表《对日寇最后一战》声明，号召中国人民的一切抗日力量举行全国规模的反攻。8月10日至11日，朱德总司令发布受降及对日展开全面反攻等七道命令。八路军、新四军、华南游击纵队遵照命令，展开全国范围的大反攻，取得辉煌胜利。

八路军优待日军俘虏

1945年9月9日，南京受降典礼现场

　　8月14日，日本照会中苏美英，表示接受《波茨坦公告》。15日，日本天皇裕仁广播"终战诏书"，正式宣布日本无条件投降。中国抗日战争暨世界反法西斯战争胜利结束。

　　八年抗战，正面和敌后两个战场共进行重大战役两百多次，大小战斗二十万次，歼灭日军一百五十多万、伪军一百一十八万多人，接受投降日军一百二十八万多人。

　　抗日战争是一百多年来中国人民反对外来侵略第一次取得完全胜利的民族解放战争，是中华民族在争取独立解放和自由过程中最重要的里程碑，它打破了近代中国在抵抗外国武装侵略作战中屡战屡败的先例，洗雪了十九世纪四十年代以来的民

1945年8月，八路军庆祝抗战胜利的宣传画

族耻辱，成为中华民族从衰落走向复兴的转折点，为中国的独立和解放奠定了基础。中国各族人民因抗日战争的胜利，而在精神上受到极大鼓舞，提高了民族自信心。

民族基石

中国共产党及其领导的人民武装力量，是抗日战争中全民族利益最坚定的维护者，是取得抗战胜利的决定性力量。

抗日救国的先声

1931年，日本帝国主义发动"九·一八事变"。"中华民族到了最危险的时候，每个人被迫着发出最后的吼声。"一曲《义勇军进行曲》，喊出了亿万中国人心中的满腔悲愤。

中国共产党从"九·一八事变"起就坚决主张对日抗战。1931年9月20日，中共中央发表《为日本帝国主义强暴占领东三省事件宣言》，并在东北地区组织抗日武装，在艰苦卓绝的条件下开展抗日斗争，谱写了一曲可歌可泣的悲壮乐章。

1934年7月，红七军团奉命改编为北上抗日先遣队，开赴闽浙皖赣边区活动。他们同方志敏部红十军会合后，成立红十军团，继续分两路北上抗日，遭国民党反动派阻击。方志敏大义凛然，为国捐躯。

结束万里长征的红军到达陕北后，刚刚站稳脚跟，便以"中国人民红军抗日先锋军"的名义，在毛泽东、彭德怀率领下，从陕北渡过黄河，进入山西，发起东征战役，准备同日军直接作战。此举在全国乃至全世界产生重大影响。

指引抗战胜利的伟大思想

抗战初期，"亡国论"和"速胜论"的错误观点有着相当大的市场。

抗日战争的过程究竟将怎样发展？中国能否取得抗战胜利？如何才能取得胜利？为了系统阐明中国共产党的抗日持久战方针，毛泽东在1938年5月写下了《论持久战》这篇光辉的文献。

《论持久战》科学地预见到抗战将经过战略防御、战略相持、战略反攻三个阶段。

《论持久战》强调"兵民是胜利之本"，"战争的伟力之最深厚的根源，存在于民众之中"。指出争取抗战胜利的惟一正确道路是充分动员和依靠群众，实行人民战争。

《论持久战》是中国共产党领导抗日战争的纲领性文献，它不仅指明了必须持久抗战才能取得最后胜利的前景，并且提出了一整套动员人民群众，在持久战中不断削弱敌方的优势、生长自己的力量、以夺取最后胜利的切实可行的办法。

最后，《论持久战》明确指出：抗日战争是持久的，最后胜利属于中国。《论持久战》清晰而有说服力地描绘出战争发展全过程的完整蓝图，回答了人们头脑中存在的种种问题。以后抗日战争的实践，充分证明《论持久战》中的战略预见是完全正确的。

团结起全民族的力量

1935年，在中国共产党的领导下，发生了著名的一二·九学生爱国运动，唤起了全国人民抗日救亡的热情。

1935年12月17日至25日，中共中央政治局在陕北的瓦窑堡召开了扩大会议。毛泽东根据会议精神，指出党的基本策略任务，就是建立广泛的民族革命统一战线。

1936年，在我党主张下，西安事变和平解决。此后，逐步形成了全民族统一抗战的局面。

在八年抗战中，中国共产党始终高举争取民族解放的大旗，坚持团结全国最大多数人的抗日民族统一战线政策。在国民党数次反共高潮中，我们党坚持有理、有利、有节的斗争，坚持民族大义，顾全抗战大局，团结和带领人民共同抗日，最终迎来了民族解放战争的胜利。

克敌制胜的战略决策

1938年冬，中共中央作出重大战略决策：将原在山西山区的八路军三大主力分别向河北和山东的平原地区挺进。这年11月下旬，第一二九师主力进入冀南，第一二〇师主力进入冀中，第一一五师师部率第三四三旅进入冀鲁豫边区和山东，在这些地区开辟新的抗日根据地。这个重要的战略性行动，大大加强了平原地区的抗日游击战争。新四军各部也利用山区和河湖港汊等复杂地形开展游击战。敌后的抗日游击战争出现了新局面。坚持在白山黑水之间长期从事抗日武装斗争的东北抗日联军更加活跃，给日、伪军以沉重的打击。

中国共产党领导的军队在敌后开展的游击战争，是世界历史上罕见的艰苦战争，更是世界军事史上的奇迹。

坚持抗战的英勇志士

抗日战争时期，涌现了一批中国共产党领导下的革命志士，他们不怕困难，英勇顽强地抵抗日寇的侵略，为中华民族的解放事业献出了自己宝贵的生命。"愿拼热血卫吾华"的左权、冰天雪地与敌周旋的杨靖宇、纵身跳下悬崖的"狼牙山五壮士"、机智过人的女英雄赵一曼等等，他们的光辉业绩将永远激励中国人民。

中国抗战的历程表明，中国共产党及其领导的人民抗日力量，是全民族利益最坚定的支持者，是取得抗战胜利的决定性力量。历史充分证明，中国人民之所以创造了弱国战胜强国的伟大奇迹，最根本的原因，是中国共产党代表全中国人民的意志，领导和推动了伟大的抗日战争，浴血奋战于抗战最前线，成为全民族团结抗战的中流砥柱。

第六章

内战再起

　　抗日战争结束之后，中国共产党要把抗日战争的胜利转变为人民的胜利，变为民主革命的胜利。国民党则要把抗日战争的胜利变为大地主大资产阶级的胜利。两种不同的选择预示着两个中国命运的决战。在这场战争中，中国人民选择了共产党。而人民的选择则总是体现了历史的选择。

两种前途

　　抗日战争结束之后，中国人民迫切需要一个和平的环境来重建家园。但是，当时的中国有两种前途：一个是中国共产党主张团结一切爱国的力量，把中国建设成为一个独立、自由、民主的新中国；一个是国民党统治集团顽固地坚持一党专制，企图依靠美国的支持，维护其腐败的统治。

从当时的国际形势看，二战结束后，美国成为世界上的头号强国，依靠其强大的经济和军事实力，企图在战后建立由美国主导的世界秩序。虽然美国向全球扩展的重点在欧洲，但亚洲也是其全球战略的重要地区，而控制了中国也就基本控制了亚洲。因此，美国政府就把国民党看作其控制中国的工具，把正在发展壮大的中国共产党看作是其控制中国的障碍。所以，美国就竭力帮助国民党政府消灭中国共产党，以达到利用国民党控制中国的目的。

二战结束后，苏联在军事实力上虽然有所增强，但综合国力仍然不如美国。为了集中力量与美国在欧洲竞争，苏联在中国问题上与美国达成了某种妥协。1945年8月14日，国民党政府同苏联政府签定了《中苏友好同盟条约》以及有关附加条约、关于外蒙独立问题等条约，宣布大连为自由港，港口主任由苏联方面人员担任，苏联租用旅顺口为海军基地，中苏共同使用中国的长春铁路等。这些条约、协定和换文的签定，严重地损害了中国的主权和民族利益。因为在当时的历史条件下，苏联领导人认为中国共产党没有力量统一中国，只能承认蒋介石的"领袖地位"来提前实现中国的统一。同时，出于安全和自身利益的考虑，苏联领导人不愿意美国支配中国，因此，苏联对中国共产党及其领导的人民革命力量给予了一定的支持。比

八路军与苏联红军在山海关会师

如，苏联红军对日作战进入中国东北后，允许中国共产党委派抗联干部担任大城市的要职，维护社会秩序；移交部分苏联红军缴获的日军武器给中国共产党军队；阻止国民党军队进入东北等。这些措施，对中国共产党领导的八路军、新四军争取时间进入东北，起到一定的作用。

从国际总的形势看，环境对中国人民是有利的。一方面，经过第二次世界大战，德、意、日三个法西斯国家的实力削弱；另一方面，东欧和亚洲的部分国家建立了人民民主制度；社会主义的苏联进一步巩固；亚洲和非洲兴起了波澜壮阔的民族解放运动。这些都为中国解放事业的发展创造了条件。

争取和平

早在抗日战争胜利前夕，国民党反动派就在美帝国主义的支持下，积极准备反共反人民的战争了。他们妄图一举消灭共产党及其领导的人民军队，在中国继续推行其独裁统治。

但是，蒋介石对抗日战争胜利后便立刻发动内战还有顾虑。一是经过八年艰苦抗战，中国人民付出了巨大的民族牺牲，都迫切希望得到一个和平的环境来建设自己的家园，极力反对其发动内战，内战不得人心。二是蒋介石的精锐部队在抗日战争期间大多退守到西南或者西北的偏远地区，要迅速开赴华北有一定难度。三是中国共产党具备了相当的实力，蒋介石没有把握能消灭中国共产党领导的军队，他需要一定的时间进行准备和调整。正是在这种情况下，1945年8月14日、20日和23日，蒋介石三次电邀中共领袖毛泽东到当时的陪都——重庆谈判。其目的是用"和平"谈判的手段来诱使共产党在"统一军政令"的幌子下，交出人民军队和解放区政权。

对于到重庆谈判，中共中央认为，抗日阶段已经结束，新的阶段是和平建设时期，应避免内战或使全面内战尽可能推迟爆发。为制止内战，挽救民族危机，中共中央于8月25日发表对时局的看法，提出了"和平、民主、团结"三大口号，并决定派毛泽东、周恩来、王若飞为代表，赴重庆同国民党政府进行谈判。

8月27日，美国驻华大使赫尔利、国民党政府代表张治中到延安迎接毛泽东、周恩来、王若飞去重庆。

8月28日，毛泽东等在赫尔利、张治中的陪同下，从延安乘专机赴重庆。在当时的形势下，为了国家和民族的利益，毛泽东亲自去重庆，充分说明了中国共产党为了人民的福祉，对国内和平的强烈渴望。

虽然蒋介石三次电邀毛泽东来重庆谈判，但是，他认为毛泽东不会在这个时候来重庆同国民党谈判。他的理想算盘是，如果毛泽东不敢来重庆，就把发动内战的借口推到中国共产党身上，说中国共产党缺乏和谈的诚意。因此，蒋介石对于毛泽东的到来准备不足。

在重庆期间，毛泽东、周恩来等人广泛会见了各界人士，广泛宣传了中国共产党的主张，使中国共产党的

1945年重庆谈判期间，毛泽东与蒋介石合影

93

影响更加深入人心。他们先后会见了民主党派负责人张澜、沈钧儒、黄炎培等，阐述了中国共产党关于实现和平、民主、团结的基本方针，有力地推动了革命统一战线的发展。

为了揭穿蒋介石所谓共产党不要和平、不要团结的谎言，中国共产党在不伤害人民利益的前提下做了必要的让步。由于国民党对双方的谈判没有诚意，所以根本没有准备好谈判方案，只能由中共方面先提出意见和方案。谈判开始后，周恩来、王若飞将中共方面拟订的两党会谈方案交给国民党代表转送蒋介石。这样，经过四十三天的艰苦谈判，1945年10月10日，国共代表签订了《政府与中共代表会谈纪要》，即"双十协定"，并公开发表。国民党政府接受中共提出的和平建国的基本方针。双方协定："必须共同努力，以和平、民主、团结、统一为基础，长期合作，坚决避免内战，建设独立、自由和富强的新中国"；同意结束国民党

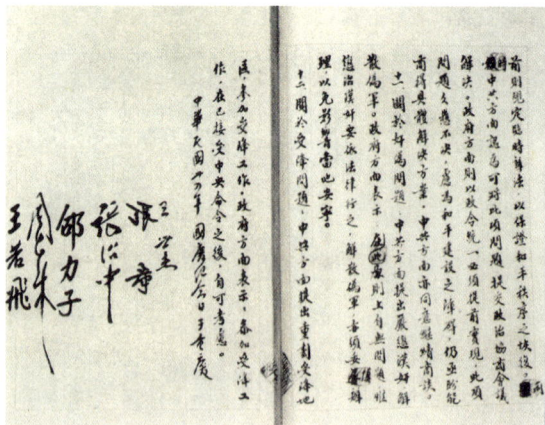

国共"双十协定"

的"训政"，召开政治协商会议，由各党派代表及无党派人士参加，共商建国大计等等。

但是，蒋介石要打内战的方针早已确定，双十协定虽然签定了，蒋介石丝毫没有打算遵守它。双十协定于10月12日公布。13日，蒋介石就对其部下颁布了"剿匪"密令，命令他的将领，要遵守他所订的所谓《剿匪手本》，对解放区发动进攻。

1946年6月，蒋介石撕毁了双十协定，命令部队大举向中原解放区进攻。中国共产党领导的军队抱着坚决打击来犯之敌的决心，对国民党军队进行了坚决的斗争。黑云压城，一场规模空前的内战即将爆发。

逐鹿中原

经过一年多的作战，到1947年，人民军队先后挫败国民党军队的全面进攻和重点进攻，使战争形势发生了有利于人民的变化。

依据整个战局的发展，中共中央作出重大的战略决策：不等完全粉碎敌人的战略进攻，不等解放军在数量上占有优势，立刻转入全国性进攻，解放军主力打到外线，调动敌人回防空虚的后方，把战争引向国民党统治区域，迫使敌人转入战略防御，改变敌我之间的攻防形势。中共中央选择地处中原的大别山区作为战略进攻的主要突击方向。

1947年8月7日黄昏，刘（伯承）、邓（小平）大军约十二万人马，在一百多里宽的地面上开始了具有历史意义的千里跃进大别山。这注定是一步险棋。从鲁西南到大别山，远隔千里，前有陇海路、黄泛区、沙河、涡河、汝河、淮河等天然屏障，后有蒋介石十几个旅的部队穷追不舍，再加上正值酷暑雨季，河水猛涨，道路泥泞，暑气蒸人，部队本来就疲惫不堪，还没有来得及好好休整，现在要马不停蹄地向南奔驰，困难是可想而知的。

刘邓大军跨越陇海路，千里挺进大别山

摆在刘邓大军面前的第一道难关就是号称"死亡区"的黄泛区。这里是一片汪洋,除了能隐隐约约地看到一些坍塌的民房屋脊和偶尔从空中飞过的几只野鸭外,再也看不到别的东西。即使是无水的地方也都是稀烂的胶泥,前脚起,后脚陷。就这样,刘邓大军后有追兵,前有黄河,真是进亦难,退亦难,处在难以动弹的死地。但是,为了实现毛主席的战略部署,刘邓大军克服了重重困难,迅速通过了黄泛区。在刘邓大军渡过黄泛区几天后,蒋介石才如梦方醒,立即调集大军南阻北追,并撤消了参谋总长陈诚的职务,亲自兼任参谋总长,飞抵前线督战。

为了把刘邓大军阻止在汝河以北,蒋介石急忙调来整编八十五师经过平汉路南下,驻守在汝河南岸,全力收缴或砸烂汝河上的所有船只。8月24日晚,刘邓率指挥部到达汝河北岸。此时,国民党已组织重兵把守汝河南岸,北面追赶的国民党部队离这里只有三十里路程,情势非常危急。面对这种情况,刘伯承、邓小平命令部队不分白天黑夜、不管飞机大炮,片刻不停,强渡汝河。8月25日下午,刘邓大军共有四万多人渡过了汝河。

至此,刘邓大军挺进大别山只剩最后一道险关——淮河。八月的淮河正值雨季,水情变化无常,刘邓大军缺少渡船,被阻挡在北岸。刘邓大军冒险趟水过淮河,刚刚走出五里多地,

刘邓大军渡淮河

敌后的追兵就赶到了淮河北岸。不料，此时淮河水突然暴涨，数十万国民党军队只能望河兴叹。

8月27日，刘邓大军经过二十多天的艰苦行军，终于挺进了大别山。

11月，蒋介石在南京主持召开了大别山作战检讨会，设立华中剿总，并把海军调进长江，防止刘邓渡江作战，并开始对大别山进行围剿。

由此，大别山进入了抗战胜利后最艰苦的一段岁月。冬天来了，刘邓大军在风雪荒野中，缺少抵御风寒的衣服、被褥，没有粮食给养，没有后方支援，他们既要同围剿的敌人作战，又要自己设法抵抗饥寒。

在这种物质条件极为艰苦的条件下，刘邓大军遵照毛泽东自己动手解决部队棉衣问题的指示，在发动群众的同时，自己动手缝制棉衣，解决了全军的御寒问题。

大别山根据地像一把尖刀插入了国民党的心脏。

在刘邓大军挺进大别山的同时，陈毅、粟裕领导的华东野战军挺进豫皖苏，陈赓、谢富治兵团挺进豫西。三路大军互相策应，在黄河与长江之间的广大地区形成了一个"品"字形的战略态势，牵制了南线国民党军一半以上的兵力，使中原地区由国民党进攻解放区的重要后方变成了人民解放军夺取全国胜利的前进基地。这是一个对战争发展具有重大战略意义的胜利，带动了全国各个战场的战略进攻。整个战争格局因此而发生根本性变化。

风卷残云

在解放战争进入第三个年头时，国共双方的力量对比发生了显著的变化。这时，中国人民解放军已由1946年6月的一百二十万人发展到二百八十多万人，部队的战斗力大大提高了，并建立了强大的炮兵和工兵部队。解放区的面积已扩大到了二百三十五万平方公里，占全国总面积的四分之一；人口增加到一亿六千八百万，占全国人口的三分之一以上，各个解放区基本上连成一片，可以相互支援，协同作战。与此相反，国民党军队却愈战愈弱，总兵力已经由战争开始时的四百三十万减少到三百六十万，其中能够到第一线作战的只有一百七十万，军队士气低落，人心动摇。

为了早日解放全中国，1948年9月至1949年1月，中国人民解放军向国民党军队发动了战略决战。

1948年9月12日，中国人民解放军对锦州的进攻开始，辽沈战役的序幕拉开。战役开始后，蒋介石急忙调集华北、山东的一部分兵力组成东进兵团，并以沈阳主要兵力组成西进兵团，两路增援锦州。解放军在塔山、虹螺岘一线对敌人的东进兵团进行英勇阻击；敌西进兵团也被解放军顽强阻击于黑山、大虎山地区。10月14日，东北野战军对锦州发起总攻，经过三十一个小时的激战，全歼敌守军近九万人，生俘国民党东北"剿匪"副总司令范汉杰。随后，被长期围困在长春的国民党第十六军于10月17日起义，新编第七军也放下武器投诚。21日，长春宣告和平解放。10月26日至28日，东北野战军主力在新立屯、黑山地区全歼廖耀湘兵团十万人。东北野战军乘胜追击，于11月2日解放沈阳、营口，东北全境获得解放。辽沈战役历时五十二天，歼敌四十七万多人。

淮海战役是以徐州为中心，东起海州、西至商丘、北起临城（今薛城）、南到淮河的广大地区进行的一次决定性的战役。集结在这个地区的国民党军队主要有徐州"剿匪"司令官刘峙、副司令官杜聿明指挥下的四个兵团和三个绥靖区部队，连同以后从华中增援的黄维兵团，共五个兵团和三个绥靖区部队，约八十万人。淮海战役从1948年11月6日发起，到22日为第一阶段。在这个阶段，华东野战军在碾庄地区歼灭黄伯韬兵团十万人。中原野战军也完成了对徐州的战略包围。11月23日至12月15日为淮海战役第二阶段。在这个阶段，中原野战军及华东野战军一部，在宿县西南的双堆集地区包围并歼灭黄维兵

淮海前线总前委成员刘伯承（左三）、陈毅（左四）、邓小平（左二）、粟裕（左一）、谭震林（左五）

团十一万人，杜聿明指挥的徐州国民党军三个兵团二十五万人向西突围时，华东野战军主力将这股敌人合围于永城东北的陈

官庄地区，并歼灭其中的孙元良兵团四万多人。1948年12月15日至1949年1月10日为淮海战役第三阶段。1949年1月，华东野战军发起对杜聿明部的总攻，全歼邱清泉、李弥两个兵团十个军约二十万人。淮海战役历时六十六天，全歼国民党精锐部队二十二个军，五十六个师，共五十五万多人，基本上解放了长江以北的华东、中原地区，使南京直接暴露在人民解放军的进攻面前。

辽沈战役、淮海战役后，1949年1月10日，中共中央决定成立由林彪、罗荣桓、聂荣臻三人组成的平津前线总前委，发动平津战役。中国人民解放军按照中共中央军委先打两头、后取中间的原则，首先攻克了西线的新保安、张家口。1月14日，解放军以强大的兵力发起对天津的总攻，经过二十九个小时的激战，解放了这座坚固设防和重兵守备的大城市，全歼守敌十三多万人，活捉了国民党天津警备司令陈

平津战役总前委林彪、罗荣桓、聂荣臻

长捷等国民党将领。在解放军强大的压力和中共北平地下党的耐心争取下，傅作义同意顺应人民的意愿，命令所有部队出城接受改编。1949年1月31日，解放军进入北平，北平宣告和平解放。至此，历时六十四天的平津战役共歼灭和改编国民党军队五十二万余人，使华北地区除太原、大同、新乡等少数据点及绥远西部一隅外，全部获得解放。

三大战役从1948年9月12日开始至1949年1月30日结束，历时四个月十九天，共歼灭和改编国民党军队一百五十四万人，使国民党赖以维持其反动统治的主要军事力量基本上被摧毁，为中国革命在全国的胜利奠定了基础。

横渡长江

三大战役后，蒋介石赖以发动反革命内战的主力部队已经基本上被消灭了。日暮途穷的蒋介石，在美帝国主义的授意下，于1949年元旦发表了一篇求和声明，宣称要在确保大地主、大资产阶级统治地位，承认伪法统、伪宪法和保全国民党军队等条件下，与中国共产党进行和谈。中国共产党识破了蒋介石的和谈阴谋，认为他不过是打着和谈的幌子，妄图争取时间，准备反扑。为了挽救在中国失败的命运，1948年11月28日，蒋介石安排其夫人宋美龄出访美国，企图得到美国的军事和财政援助。但是，宋美龄这次出访一无所获。

1948年12月30日，毛泽东在为新华社所写的新年献词中发出了《将革命进行到底》的伟大号召。指出，只有彻底消灭中国的反动派，驱逐美帝国主义出中国，中国才能获得彻底的民主、和平。

在走投无路的情况下，1949年1月21日，蒋介石宣布"引退"，由副总统李宗仁代理总统，但是操纵权力的仍然是蒋介石。1949年2月，蒋介石下令将中央银行库存的九十二万两黄金、三千万元银元全部转运台湾，造成了国内纸币贬值，通货膨胀，人民生活在水深火热之中。

1月22日，李宗仁应全国各界的要求，表示愿意与中国共产党进行和谈。但是，他的条件是国民党政府"守江谋和"，即以长江为线，划江而治。

南京总统府旧址

为早日结束战争，实现真正的和平，1949年4月1日，以周恩来为首席代表的中国共产党代表团开始同张治中为代表的国民党代表团在北平举行谈判。经过半个多月的谈判，4月15日晚，周恩来把《国内和平协定》最后的定稿交给张治中，并约定当晚9时举行第二次会议。

经过分析和研究，国民党政府代表团一致同意接受这个和平协议，认为协定已经吸收了他们所提出的大部分修改意见。并派人将协定文本带回南京。

4月20日深夜，李宗仁、何应钦复电张治中，拒绝接受《国内和平协定》，和谈就此宣告破裂。

4月21日，毛泽东主席和朱德总司令向各野战军和南方游击区人民解放军，发布了《向全国进军的命令》。

接到进军命令后，刘伯承、邓小平领导的第二野战军和陈毅、粟裕、谭震林领导的第三野战军在西起九江东北的湖口，东至江阴，长达五百公里的战线上，百万大军横渡长江。

当时防守长江的敌军主要是京沪杭警备总司令汤恩伯指挥的七十五个师，共四十五万人，主要布防于江西的湖口至上海之间的漫长战线上。中国人民解放军依靠人民的支持，使用的是渔民船工驾驶的简陋木船，却创造了人类战争史上的奇迹。

21日夜里，按照中央军委的命令，在千里漫长的战线上，中国人民解放军百万雄师伴着长江震天的怒吼，向长江南岸进军。一夜之间，蒋介石的最后一条防线被击破了。

在长江防线被突破之后，22日，国民党政府仓皇部署总退

1949年4月23日，解放军占领南京，登上总统府

却，组织兵力企图在浙赣和上海地区组织新的防御。

24日上午，中国人民解放军攻占南京，各界群众夹道欢迎人民解放军入城。南京的解放宣告了统治中国二十二年的蒋家王朝的覆灭。

南京解放后，人民解放军在粟裕的统一指挥下，于5月3日解放杭州，逼近上海。

5月23日夜，人民解放军对上海发动了总攻。27日，上海解放。

此后，中国人民解放军开始向全国进军，去缔造一个人民当家作主的新中国。

【第七章】
乾坤重振

　　经过三年多的解放战争，中国人民解放军已经基本上消灭了国民党军队。中国人民渴望和平的环境来建设家园。1949年10月1日，中华人民共和国举行了开国大典，一个人民当家作主的新中国赫然屹立在世界的东方。为了彻底消灭国民党的残余部队，人民解放军开始向全国进军，并势如破竹，摧毁了国民党在中国大陆的统治。除个别地方未解放外，新中国实现了空前的统一。

开国大典

　　随着中国人民解放军向全国进军的脚步，国民党在中国的统治结束，建立一个人民当家作主人的国家提上了日程。

1949年9月21日至30日，中国人民政治协商会议第一届全体会议在北京隆重举行，四十五个单位的六百六十二名代表出席了大会。会议执行全国人民代表大会的职权，制定了《中华人民共和国中央人民政府组织法》、《中国人民政治协商会议共同纲领》等文件，选举产生了中华人民共和国中央人民政府主席、副主席、委员，会议一致通过中华人民共和国的国都定于北京，纪年采用公元，以《义勇军进行曲》为国歌，国旗为五星红旗。在政治上、组织上为中华人民共和国的诞生作了充分的准备。

10月1日下午2时，中央人民政府委员会在中南海勤政殿举行第一次会议。会议一致决定：宣告中华人民共和国中央人民政府成立；接受《中国人民政治协商会议共同纲领》为政府施政方针；选举林伯渠为中央人民政府委员会秘书长；周恩来为中央人民政府政务院总理兼外交部长；毛泽东为中央人民政府军事委员会主席，朱德为人民解放军总司令，沈钧儒为最高人民法院院长，罗荣桓为最高人民检察署检察长。同时决议向各国政府宣布：本政府为代表中华人民共和国全国人民惟一合法政府。凡愿遵守平等互利及相互尊重领土主权等项原则的任何外国政府，本政府愿与之建立外交关系。

10月1日下午，三十万军民汇集在天安门前，参加庆祝中华人民共和国成立的开国大典。天安门广场成了欢乐的海洋。

《开国大典》油画

3时，中央人民政府委员会秘书长林伯渠宣布典礼开始。中央人民政府主席、副主席、各委员就位。军乐队奏起了国歌《义勇军进行曲》。在群众的欢呼声中，毛泽东主席庄严地向全世界宣告："中华人民共和国中央人民政府于本日成立了！"顿时，广场上欢声雷动，群情激昂。在国歌声中，毛泽东按动电钮，升起了天安门广场上第一面五星红旗。全场肃立，向国旗行注目礼。广场上，五十四门礼炮齐鸣二十八响，象征着组成中国人民政治协商会议第一届全体会议的五十四个单位和中国共产党领导全国人民艰苦奋斗二十八年的光辉历程。之后，毛泽东主席宣读《中华人民共和国中央人民政府公告》。

接着，阅兵式开始。伴随着《三大纪律八项注意》、《军队和老百姓》、《保卫胜利果实》等乐曲，中国人民解放军总司令朱德在阅兵总指挥聂荣臻陪同下，乘车出东三座门，沿东长安街、东单广场，直到外国领使馆聚集的东交民巷，顺序检阅中国人民解放军陆、海、空三军。检阅完毕后，朱德总司令回到天安门城楼，宣读《中国人民解放军总部命令》，命令中国人民解放军全体指战员"迅速肃清国民党反动军队的残余，解放一切尚未解放的国土"，"实现人民解放战争的最后目的"。随后，受检阅部队分列由东向西经过主席台，首先经过

开国大典时陆军通过天安门城楼，接受检阅

的是两个排的海军方队，接着是一个步兵师、一个战车师、一个骑兵师、一个炮兵师相继跟进通过。当战车师行进到长安街中段时，刚刚组建的人民解放军空军十七架飞机以三机和双机编队一批一批地由东向西飞经天安门广场上空。阅兵式持续近三个小时。

阅兵式结束后，天色已晚，天安门广场和长安街上华灯齐放，彩色礼炮、礼花映亮夜空。一队队游行群众高举红旗，手提灯笼，纵情欢呼，载歌载舞，奔向天安门广场、奔向长安街、奔向北京的大街小巷。"中华人民共和国万岁！""毛主席万岁！"的口号声响彻云霄。天安门广场成了灯火的海洋、欢乐的海洋。毛泽东主席在天安门城楼上观看着游行队伍，探身栏杆外，不停地向广场上的群众挥手致意，情不自禁地在扩音机前大声高呼："同志们万岁！""人民万岁！"首都人民尽情地欢度新中国的第一个夜晚。

同一天及其以后的几天里，已经解放的天津、西安、上海、南京、武汉、开封等四十多座大中城市分别举行了热烈的庆祝活动。

开国大典宣告了国民党反动政权的覆灭和中华人民共和国的诞生，是中国有史以来最伟大的事件，在中华民族伟大复兴的历史进程中蕴涵着深远的意义。占人类总数四分之一的中国人民从此站起来了，中国历史翻开了新的篇章。从世界范围来看，中华人民共和国的成立也是继俄国十月革命和第二次世界大战胜利后世界历史上最为重大的历史事件，对于维护世界和平具有重要意义。

进军全国

早在上海解放前夕，中共中央、中央军委依据形势的发展，制订了争取1949年内基本解放全国大陆地区的战略。各部队按照中共中央的指示，对国民党的残余部队进行了追击。至中华人民共和国成立时，中国人民解放军拥有第一、第二、第三、第四共计四个野战军及东北军区、华北军区、华东军区、西北军区、中南军区五个军区，包括陆军、海军、空军及特种兵部队，共计四百多万人，歼灭了大部分国民党正规军，解放了全国大部分地区。但是，在包括四川、云南、贵州、西康、西藏的广大西南地区，盘踞着国民党军胡宗南集团和宋希濂集团，以及国民党云南省政府主席兼云南绥靖公署主任卢汉、国民党西康省政府主席刘文辉、国民党西南军政长官公署副长官邓锡侯和潘文华所属的部队；在湖南南部、广东、广西等中南地区，踞守着白崇禧集团和余汉谋集团；另外，新疆地区和华东的部分地区及东南沿海部分岛屿仍然被国民党残余军队占据。

解放军挺进大西南

为了尽快解放全中国，消灭国民党残余势力，中央军委和毛泽东主席制订了进军全国的作战方针：对中南、西南的白崇禧、余汉谋、胡宗南等部国民党军采取大迂回大包围的作战方针；对西北和华东沿海岛屿及闽南地区的国民党军，则采取多路追击、分割围歼的作战方针。在战役安排上，先歼灭比较薄弱的白崇禧集团、余汉谋集团，切断其海上逃路，然后再消灭胡宗南部，争取将国民党残余消灭在大陆。

具体的战略部署是：第一野战军经营西北地区的陕西、甘肃、宁夏、青海、新疆等省区，完成进军新疆的战略任务；第二野战军进军西南，经营四川、贵州、云南、西康、西藏等省区；第三野战军经营山东、江苏、安徽、浙江等省区，并准备解放包括台湾在内的东南沿海岛屿；第四野战军向中南进军，经营河南、湖北、湖南、江西、广东、广西等省区。同时，在华北、华东部署足够的兵力，防止美国军事干涉。遵照中央军委的命令，各路大军以摧枯拉朽之势，席卷国民党残军。到1950年6月，全国解放战争的大规模作战行动结束。

从新中国成立到1951年5月，中国人民解放军解放了福建、新疆、广东、广西、四川、西康、贵州、云南、西藏等省区以及海南、舟山等沿海岛屿，歼灭国民党军队两百余万人。至此，除台湾、澎湖、金门、马祖等少数岛屿及香港、澳门外，中国实现了空前的统一。

深入阅读

1、李凡《孙中山全传》，北京出版社，1996年。

2、章开沅、林增平主编《辛亥革命史》，人民出版社，1980—1981年。

3、丁中江《北洋军阀史话》，中国友谊出版公司，1990年。

4、唐宝林、郑师渠《共和与专制的较量》，河南人民出版社，1996年。

5、胡绳《从鸦片战争到五四运动》，人民出版社，1981年。

6、李新、陈铁健主编《伟大的开端》，上海人民出版社，1991年。

7、胡绳《中国共产党的七十年》，中共党史出版社，1991年。

8、谭幼萍《长征图传》，团结出版社、中央文献出版社，2006年。

9、解放军报社、国防大学战教研部《长征，你知道多少》，长征出版社，2006年。

10、马仲廉《抗日战争史话》，中国青年出版社，1983年。

11、亢稚文、郭春河主编《日本侵华铁证——日本记者镜头下的九一八事变》，吉林文史出版社，2005年。

12、刘统《中国的1948年》，三联书店，2006年。